교회가 주는 물은 맑습니까

교회가 주는 물은 맑습니까

지은이 / 채희동
펴낸이 / 이정원
펴낸곳 / 도서출판 쉼
편집장 / 백승선
편집 디자인 / 유다미
교정·교열 / 장은진
홍보 / 김지훈·추선길
행정 / 조은태

1판 1쇄 펴냄 / 2001년 5월 25일
등록번호 / 제10-2036호
주소 / 서울시 마포구 동교동 204-11호 3층
전화 / 02) 326-1374, 5
팩스 / 02) 326-1312
홈페이지 / www.Shwimbook.com

출력 / 버전업
인쇄 / 갑우문화사
총판 / 비전북
      한국출판유통주식회사

ⓒ 채희동, 2001.
ISBN 89-89388-02-3　　03230
값 6,300원

지은이와 협의하여 인지는 붙이지 않았습니다.
잘못된 책은 바꾸어드립니다.

교회가 주는 물은 맑습니까

채희동

섬

새벽마다 차가운 마루에 두 무릎을 꿇고앉아
씨 뿌리고 흙을 일구던 두 손을 모아
사랑하는 아들을 위해 기도하시는 내 어머니와
일생을 거룩한 농부로 살아가시는 내 아버지께
이 책을 바칩니다.

• 책을 열면서

그리움의 사람, 채희동

채희동은 그리움의 사람입니다. 꽤 오래전에 그가 나에게 보내준 편지의 한구절을 먼저 소개합니다.

> 지난번 마지막 휴가를 받아 민들레교회에서 목사님을 뵈었을 때, 전과는 달리 목사님의 모습이 조금은 외롭고 누군가를 몹시도 그리워하는 듯한 느낌을 받았습니다.
> 우리는 누군가를 애타게 그리워하지 않고는 끝내 살아갈 수 없듯이 목사님의 그 그리움은 이 갈라진 민족을 화해시키고자 오시는 우리 주 예수님을 기다리는 보고픔이 아닐런지요.
>
> 1989. 9. 12
> 진해에서 채희동 올림

이제 그대가 이 책을 열어보면 채희동이 '그리움의 사람'이라는 것을 단박에 알아차리실 것인데, 이미 그때부터 그는 그리움의 사람이었습니다. 아니, 그는 어쩌면 태어나면서부터 그리움의 사람인지도 모르지요. 그가 그리움의 사람이 아니라면 어찌 나의 그리움을 알아줄 수 있겠습니까?

"그리움을 아는 사람만이 나의 고뇌를 알아준다." — 괴테

채희동이 그리워하는 그 대상이 누구인지는 이야기하지 않아도 잘 아시겠지요? 그러나 구태여 이야기한다면 하나님, 사람, 자연 그리고 엉뚱하게(?) 교회도 있습니다.

그래요, 이 책 제목이 '교회가 주는 물은 맑습니까?' 이군요. 만일 이 책이 이 제목으로 그냥 나온다면 잘 안 팔릴 게 어둠 속에서 불을 보듯이 뻔해요. 사람들이 이미 이 땅의 교회가 주는 물이 맑지 않다는 것을 잘 알고 있는데 어디 사보겠어요? 누구보다도 채희동이 이 사실을 잘 알고 있으면서도 충청도식으로 은근슬쩍 "교회가 주는 물은 맑남유?" 하고 묻고 있는 겁니다.

채희동은 그리움의 사람입니다. 올바른 그리움의 사람은 그 그리워하는 님을 품고 그 님이 새로운 은총의 빛으로 오시기를 고대하면서 시방 여기서 그 님의 말씀과 삶을 온 몸, 온 마음, 온 영혼으로 살아가는 사람입니다. 채희동은 영원히 목마르지 않는 샘물이 사람사람의 교회교회의 가슴가슴에 숨겨져 있음을 강렬하게 느낍니다. 그래서 산길을 가는 목마른 나그네가 고여 있는 물웅덩이를 보고 나무깽이로 집적거려 물꼬를 터서 살아 있는 샘을 만들 듯이 그대의 막혀 있는 샘 언저리를 끊임없이 집적이고 있는 것입니다.

그대, 이 책을 잘 여셨습니다. 채희동 목사가 그대의 막혀 있는 샘 언저리

를 자꾸 집적거리게 내버려두세요. 머지않아 그대 속에서 생수가 힘차게 솟아나는 소리를 듣게 될 것입니다. 그러면 그대 역시 그리움의 사람으로 거듭나게 되겠지요?

2001년 立春

호암산 기슭에서 北山 최완택

• 책을 내면서

내 사랑, 교회에 이 글을 드립니다

교회는 나의 사랑하는 님입니다. 내가 교회를 사랑한다 함은 희망을 품고 파란 새순을 틔우는 봄나무와 같고, 뜨거운 태양 아래에서도 검붉은 얼굴로 땀흘려 일하는 여름날의 농부와 같고, 사랑하는 님 앞에서 화려하게 치장해 놓고도 부끄러워 얼굴 못 드는 가을산과 같고, 눈보라가 몰아쳐도 가슴에는 뜨거운 사랑의 불꽃을 품고 사랑하는 님을 기다리는 겨울나무와 같습니다.

나는 사시사철 우리의 교회를 사랑합니다. 그러나 내 사랑은 외사랑, 내가 다가가면 갈수록 자꾸만 멀어져가고, 그대는 내 사랑을 받아주질 않습니다.

그대는 자동차가 걸어가는 사람을 무시하며 앞을 향해 내달리듯이, 그저 무섭게 앞만 보고 달려가고 있구려. 나는 그대와 손을 잡고 오붓하게 산길을 걷고 들길을 걷고 꽃길을 걸으며 사랑의 노래를 부르고 싶은데, 언제나 그대는 나보다 앞서서 저만치 달려가고 있으니 내 사랑은 언제나 외사랑입니다.

당신은 왜 자꾸만 하늘만 바라보고 있나요. 당신이 믿는 예수님은 하늘의 자리를 버리고 이 땅에 내려와 가난한 이들과 병든 세상을 돌보시다가 십자가에 달려 죽으셨는데 말입니다. 아직도 당신의 가난한 이웃은 차가운 땅에서 따스한 당신의 손길을 기다리고 있는데, 남과 북으로 갈라진 이 민족은 당신의 평화와 통일의 외침을 바라고 있는데, 하나님이 창조하신 자연은 사람들의 탐욕으로 파괴되어 가고 있는데, 당신은 여전히 선녀처럼 하늘로 올라갈 생각만 하고 있구려.

그러나 나는 알아요. 당신의 마음을. 겉으로는 하늘을 바라보고 있으나 마음은 온통 이 세상에 있다는 것을……. 이 땅의 기업들이 추구하는 것처럼 적게 투자하여 많은 수익을 올린다는 자본주의 논리가 당신의 신앙철학이라는 것을, 나는 당신의 얼굴에서 너무나 쉽게 볼 수 있으니까요. 조그만 구멍가게부터 대기업에 이르기까지 모두 자신의 몸을 살찌우고 많은 수익을 올리는 성장과 발전이 목적인 것처럼, 당신이 바라는 삶의 목적도 성장과 부흥이 아니겠어요. 이것이 지금까지 당신이 그분께 드린 최고의 기도였으니까요.

하늘 부끄러운 줄 모르고 높아진 종탑과, 세상 권세보다 더 강한 성직자들의 힘과, 비대할 대로 비대해져서 무거운 살을 주체할 수 없는 당신의 몸에서 장사치의 얼굴을 나는 보고 있어요. 요즘에는 자식들에게 가업으로 당신의 몸집을 하나도 남김없이 물려주겠다 하니 이제 당신은 어찌할 수 없게 되었구려.

아, 당신은 이제 하늘로 올라가고 싶어도 올라갈 수 없겠네요. 당신의 몸이 자꾸만 살찌고 비대해져가고 있으니, 당신의 관심은 여전히 이 땅에 있으니 어찌 이 땅을 버리고 하늘로 올라갈 수 있겠어요.

나는 당신만 생각하면 눈물이 흘러내립니다. 당신을 향한 내 마음이 식어지면 어찌하나, 내가 당신에게 등 돌리면 어찌하나. 이는 생각만 해도 끔찍한 일이지만 점점 내 마음이 그대를 떠나가고 있다는 것을 느낄 수 있어요. 김광석의 노래처럼, '눈을 감으면 눈물이 흘러내릴까봐 눈 못 감는 서글픈 사랑'을 우리는 지금 하고 있어요. 내 사랑은 너무나 멀리 있고, 내 사랑은 점점 내 곁을 떠나가고, 내 사랑은 돌아올 수 없는 강을 건너가고……. 그래서 내 사랑은 안타깝고 애절해서, 차마 그대를 바라볼 수 없고 그대에게 다가갈 수 없어요.

세상이 변하듯 당신도 이제 변해야 해요. 하나님과 그 말씀 이외에 변하지 않는 것은 하나도 없는데, 당신의 말과 행동은 '절대신'이 되어 일점일획도 변하려 하지 않는군요.

고인 물은 언젠가 썩고 그 썩은 냄새가 세상을 오염시키잖아요. 우리 그분 앞에서 새롭게 변해봐요. 그래서 이제는 앞만 보고 달리지 말고 사랑하는 이웃과 더불어 이 봄길을 걸어봐요. 그저 앉아서 하늘의 복만을 구하지 말고 우리 함께 논밭을 일궈 씨를 뿌리고 땀을 흘려 일하는 농부가 돼요. 가을의 논과 밭이 아무것도 소유하지 않고 농부에게, 하늘을 나는 새와 산짐

승에게 모든 양식을 공평하게 나누어주듯이 이웃과 더불어 얻은 양식은 내 것이 아니라 하늘의 것이라 여기며 나누어주어요. 그래서 마침내 아무것도 걸치지 않은 알몸으로 주님을 맞이하는 겨울나무처럼, 그대와 나 그렇게 살아요.

그분 앞에서 아무것도 걸치지 않은 몸으로 서면 우리도 봄날의 나비처럼 눈부신 봄햇살을 받으며 훨훨 하늘을 날 수 있잖아요. 높은 종탑이 무슨 의미가 있겠어요. 우리의 사랑을 나누는 데 거대하고 화려한 성전이 무슨 필요가 있나요. 그저 주님의 사랑을 이 세상에 이루며 살아가면 될 텐데요.

주님은 이 세상에 오셔서 성전에 관심을 두지 않으셨잖아요. 성전을 등지고 가난하고 헐벗고 병든 이웃 속으로 들어가 하나님 말씀과 그 사랑을 전하고 이루셨잖아요. 우리의 사랑을 이룰 주님의 성전은 눈으로 보이는 건물이 아니라 그대와 나, 사랑하는 이웃과 형제들이 함께 주님의 사랑을 나눌 이 자리가 아닌가요.

사랑하는 당신, 우리 사랑의 힘으로 다시 일어서요. 그리고 당신과 나 사이에 빈몸으로 오셔서 살다가 십자가에 달리신 주님을 모시고, 우리도 아무것도 걸치지 않은 몸으로 주님의 나라를 만들어가요.

사랑하는 당신, 나는 아직 당신을 포기할 수 없어요. 나는 아직도 당신을 그리워하고 사랑해요. 다시 당신을 내 품에 안아보고 싶어요. 그리고 당신과 손을 마주잡고 진달래꽃 흐드러지게 피어난 부활의 길을 함께 걷고 싶어요.

내 조국 산천을 당신과 더불어 걷고 싶어요.

내 사랑 교회여, 다시 일어나요.

❖ 이 자리를 빌어 이 책을 출판하기까지 격려해 주시고 수고해 주신 분들께 고마움을 전합니다. 먼저 '한국인으로 신학하기'에 눈을 열어주시고 지금도 그렇게 걸어가도록 힘주시는 유동식, 변선환, 김광식, 이정배 선생님 그리고 내 삶과 목회의 처음 길이 되어 주신 최완택, 이현주, 김영동, 고진하, 최경철 목사님. 이 책의 모태인 한생명교회 교우들 — 지금도 삶의 현장에서 땀흘려 일하는 마음씨 좋은 수홍씨, 충현씨, 재필씨, 올해 목사 안수를 받은 남기성, 다시 고향으로 내려가 결혼해서 벌써 아기 엄마가 된 연실, 한숙, 수정, 미영……. 언제나 곁에서 묵묵히 지켜봐주며 힘 돋우어준 규환이와 천진이 형, 내 사랑하는 삶의 벗들 — 찬석, 순웅, 충호, 백걸, 재성, 규백…… 한예운의 젊은 벗들. 그리고 신앙공동체의 참맛을 느끼게 해준 생명문교회 김철원 목사님과 교우들. 이들의 삶과 신앙이 이 책에 담겨 있음을 고백합니다.

이 책이 세상에 빛을 보기까지 애써주신 도서출판 쉼 식구들, 특히 어둠 속에 갇힐 부족한 글을 찾아내 친히 출판해 주신 백승선 편집장님께 머리 숙여 고마움을 드립니다. 끝으로 기도의 동지인 누이 채희원과 형 희경, 어린 나이에 나의 아내가 되어 젊음을 가정을 위해 바치면서도 웃음을 잃지 않는 이진영과, 갓난아기 때부터 겨울날에도 봄꽃을 품고 살아가는 삶을 배워가는 아들 윤기와 함께 이 책의 짐을 나누고 싶습니다.

2001년 봄길이 열리는 날 호암산 자락에서
채희동

글 싣는 순서

책을 열면서 | 그리움의 사람, 채희동 | 최완택 | 7
책을 내면서 | 내 사랑, 교회에 이 글을 드립니다 | 지은이 | 11

1 자연이 말씀이다

하나님이 사시는 집에는 | 21
자연이 말씀이다 | 29
성령이여, 민들레꽃 안에 임하소서 | 36
물과 성만찬 | 42

2 밥 한사발의 영성

숨과 영성 | 55
밥 한사발의 영성 | 63
한송이 들꽃처럼 살 수만 있다면 | 70
손으로 하는 신앙 | 81

3 교회가 주는 물은 맑습니까

모이고 흩어지는 교회 | 89
교회가 주는 물은 맑습니까 | 98

교회의 시장화, 시장의 성화 | 105
우리 목사님은 서울의 택시운전사 | 114

4 목회는 예술이다

목회는 예술이다 | 125
우리 가락 우리 찬송 | 134
조국산천을 순례하는 신앙인 | 149
이 세상에 소풍 온 사람아 | 155

5 님, 그리움 그리고 하나님

'주主'는 나의 '님'이시라 | 169
하나님은 그리움이시다 | 176
北山은 그리움의 산이다 | 183
하늘냄새 | 190

1

자연이 말씀이다

하나님이 사시는 집에는
자연이 말씀이다
성령이여, 민들레꽃 안에 임하소서
물과 성만찬

하나님이 사시는 집에는
— 우주 · 집 · 교회

우주공간과 하나님이 사시는 집

사람은 누구나 집을 짓고 그 안에서 살아간다. 사람은 집에서 나와 세상 밖으로 흩어졌다가 다시 집으로 모여든다. 그래서 집은 사람의 안식처요 생활의 중심이다.

집은 사람만이 소유하는 것은 아니다. 하늘을 나는 새에게도 둥지가 있고, 산에 사는 산짐승도 땅을 파거나 굴을 집으로 삼고 살아간다.

우리가 믿는 하나님도, 당신이 사시는 집이 있다. 하나님이 사시는 집은 어디에 있으며 어떠한 집일까. 천국? 우리가 이 땅에서의 생을 마감한 뒤에 가는 그 나라일까? 물론 그 나라도 믿는다. 그러나 하나님이 이 세상을 창조하시고 역사하시며 만물의 주인이시라면, 하나님이 사시는 나라는 만물이 생동하는 '우주'일 것이다.

시편 104편 말씀에 하나님이 사시는 집이 어떠한지 잘 기록해 주고 있다.

"여호와 하나님은 실로 웅장하십니다. 영화도 찬란히 화사하게 입으시고 두루마기처럼 빛을 휘감고, 하늘을 차일처럼 펼치시고 물 위에 궁궐을 높이 지으시고 구름으로 병거를 삼으시고 바람 날개를 타고 다니시며 바람을 시켜 명령을 전하시고 번갯불에 심부름을 시키시며 땅을 주춧돌 위에 든든히 세우시어 영원히 흔들리지 않게 하셨습니다. 깊은 물로 땅을 입히셨더니 산꼭대기까지 덮은 물결은 꾸짖으시는 일갈에 움찔 물러나고 천둥소리, 당신 목소리에 줄행랑을 칩니다. 물은 산을 넘고 골짜기로 내려가 당신께서 정하신 그 자리로 흘렀습니다……. 계곡마다 샘물을 터뜨리시어 산과 산 사이로 흐르게 하시니 들짐승들이 모두 마시고 목마른 나귀들도 목을 축입니다……. 여호와여, 손수 만드신 것이 참으로 많사오나 어느 것 하나 오묘하지 않은 것이 없고 땅은 온통 당신 것으로 풍요합니다."(시 104:1~24)

시편 104편에 기록되어 있는 하나님이 사시는 집은 참으로 사람의 말로 설명할 수 없을 만큼 웅장하고 찬란하며 생명의 기운으로 가득하다. 이 무궁하고 거대한 하나님 집안에는 구름도 바람도 번갯불도, 흐르는 물과 높은 산도 함께 어우러져 있으며, 산새도 들짐승도 사람도 그 안에서 함께 살며 하나님이 주시는 곡식과 포도주를 먹고 마시며 행복하게 살아간다.

이렇듯 이 세상 모든 우주만물, 대자연이 하나님의 집이다. 하나님의 집에 거하지 않는 것은 하나도 없으며, 모든 생명은 한결같이 하나님의 집에서 살아간다.

하나님 집에 쓰이는 재료는 따사로운 햇살, 하늘 구름, 바다 물결, 서산에서 불어오는 바람, 간밤에 내린 비, 천둥과 번갯불, 이쪽 골짜기와 저쪽 골짜기를 이어주는 무지개, 흐르는 개울물……. 이 모든 것으로 하나님의 집이 꾸며져 있다. 그러기에 참으로 아름답고 눈이 부시며 사람이 어찌할 수 없는 찬란함이 있다.

나는 옛 시골집에서 하나님의 집을 보았다

그럼, 우리 그리스도인의 집은 무엇일까? 우리가 매일 잠자고 먹고 싸우는 이 좁은 공간이 우리의 집일까?

우주공간에 역사하시는 하나님을 믿는다면, 마땅히 우리의 집도 우주만물, 대자연이라 할 것이다. 처음에 하늘과 땅을 지으시고 참 좋았다고 말씀하신 하나님은 바로 이 우주공간 속에 우리와 더불어 살아계시고, 우리 또한 대자연인 하나님의 집에 거하는 것이다.

천자문 첫머리에는 하늘천天, 땅지地, 검을현玄, 누를황黃, 집우宇, 집주宙가 나온다. '집우宇, 집주宙', 곧 '우주宇宙'는 '집'이라는 말인데, 누구의 집이냐? 바로 하나님의 집이란 말이다. 집이란 우주를 가리키는 말이다. 우리가 매일 치고 박고, 좁네, 냄새나네 하며 티격태격 싸우는 이 콘크리트집이 아니라 우주가 집이라는 말이다. 누구의 집인가? 바로 하나님의 집이다.

옛날 어릴 적에 내가 살던 집은 기역자 집으로 널따란 마루가 있었고, 큰 앞마당에는 텃밭이 있었다. 텃밭에는 파, 마늘 때로는 땅콩, 고구마를 심어 먹기도 했고, 사람 키만한 높이의 돌담가에는 감나무, 개가죽나무, 앵두나무 그리고 대추나무가 있었다. 앵두나무 옆에는 돼지우리가 있었고 외양간은 대문 옆에 붙어 있었다. 안방을 중심으로 오른쪽에는 뒷간이, 왼쪽에는 우물이 있고, 다시 우물을 중심으로 돌담이 펼쳐져 있었는데, 큰할아버지 집, 둘째 할아버지 집, 작은 할아버지 집은 한 우물을 먹고 살았다.

널따란 마루에 걸터앉아 있노라면 높고 푸른 하늘이 눈앞에 펼쳐지고, 아침햇살은 따사로이 마당 가득 내린다. 내 키의 열배 깊이인 우물물을 한 바가지 시원하게 퍼마시고 난 후, 집 뒤에 흐르는 시냇물로 나가 목마른 소의 목을 적셔주고 돌아오면, 바람은 잠시 우리집에 머문 뒤 뒷산으로 넘어간다. 돌담장에는 노란 호박꽃이 함박웃음을 지으며 벌을 맞이하고, 빨간 앵두알은 진한 립스틱으로 유혹한다. 검은 토종돼지는 꿀꿀 연방 입놀림을 하고, 황소는 나른한 오후에 잠을 잔다. 할아버지와 아버지는 논 갈러 들에 나가시고, 어머니는 술밥을 쪄 막걸리를 담그시고, 누나는 봄나물 캐러 나가고……. 어릴 적 살던 옛 시골집 풍경은 마치 시편 104편에 기록한 하나님이 사시는 집의 모습과 흡사하다.

옛 시골집은 사람만 산 것이 아니었다. 이른 아침이면 감나무에 참새가 찾아와 잠을 깨워주고, 오후에는 노랑나비 흰나비가 마루까지 와서는 한참 동안 놀다가고, 야옹이는 늘어진 하품을 하고, 누렁이는 이리저리 어슬렁거리고, 가끔은 해질 무렵에 구렁이가 담장 위로 기어가면 집쥐는 숨느라 찍찍거리고…….

옛 시골집은 오늘날의 집처럼 폐쇄된 공간, 닫힌 집이 아니라 열린 공간, 자연과 우주가 함께 열려 있는 공간이었다. 집과 하늘, 집과 땅, 집과 바람, 집과 햇살, 집과 꽃, 집과 나비, 집과 참새, 집과 구렁이, 집과 모든 우주만물이 하나로 열려 서로 만나고 소통하며 생명의 기운을 서로 느끼며 살았다. 사람만 살아가는 공간이 아니라 모든 생명이 함께 어우러져 살아가는 '생명의 집'이었다. 비록 배불리 먹고 살지는 못했지만 그 집에는 생명의 풍성함이 있었다.

우주는 다름아닌 옛날 우리가 살던 시골집이었다. 이웃과 더불어 살고 자연과 친화하고 하나님과 교통하던 시골집, 그곳에서 우리는 살았다.

지금 우리의 집과 교회는

그런데 지금 도시에 사는 우리는 이웃과 담쌓고 자연과 등 돌리고 하나님의 집인 우주와 격리된 채 살아간다. 그래서 현대인의 인격도 왜곡되고 신앙도 비정상적으로 형성되어간다.

내가 지금 사는 집은 호암산이 바라다보이는 안양 석수동에 있다. 언젠가 북산北山 최완택 목사님과 관악산을 등산할 때에 호암산으로 내려오면서 내가 만약 집을 얻는다면, 이곳에 구해보리라 하던 그 동네이다. 그곳은 관악산 끝자락에 있어서 언제든지 산에 오를 수 있어 좋고 공기도 괜찮은 것 같았다.

내가 사는 집은 15평 아파트이다. 아파트의 실내 공기는 항상 건조하고 통풍이 잘되지 않아 퀘퀘한 냄새가 집안 가득 고여 있다. 집은 물론 콘크리트로 지어졌고, 창문은 이중삼중으로 굳게 닫혀져 있다. 이처럼 아파트의 문제는 집의 숨구멍을 완전히 차단했다는 데 있다. 모든 생명체는 숨을 쉴 뿐만 아니라, 그 생명체가 거하는 곳도 숨구멍을 열어놓아 언제나 호흡을 하게 되어 있다. 그러나 지금 내가 살고 있는 아파트는 숨구멍이 없어 언제나 답답하다. 딱딱한 방바닥, 모난 벽, 폐쇄된 문으로 인해 이곳에 사는 우리 식구는 감옥살이를 하는 것과 다름없다. 이곳에는 물론 모기도 파리도 살지 않는다. 가끔 생존력이 강한 바퀴벌레만이 살아남아 허전한 집을 채울 뿐이다.

이처럼 자연과 이웃이 단절되어 있고, 생명체들과 단절되어 있어 우리는 개인만 존재할 뿐, 공동체의 모습을 찾을 수도 찾으려 하지도 않는다. 이것은 사람이 집과 더불어 살아가는 것이 아니라 사람이 집에 갇혀서 살아가는 형국이다. 집에 의해 사람의 인격, 생명, 의식, 신앙이 왜곡된 채 형성되어 가고 있는 것이다.

이런 폐쇄되고 단절된 아파트에서 살아가는 우리 식구는 살아남기 위해 하루 한번, 모든 문을 활짝 열고 옷을 벗고(속옷까지) 풍욕을 한다. 이제 세상에 태어난 지 겨우 100일밖에 되지 않은 아들녀석하고, 아내와 함께 30분 동안 자연의 바람과 내 몸이 서로 소통할 수 있는 시간을 보낸다. 아무리 추운 영하의 겨울날에도 하나의 의식처럼 이 풍욕을 하노라면 내 몸 안에 축적된 나쁜 기운이 빠져나가고 새로운 생기가 들어와 우리 식구의 몸을 새롭게 가꾸어준다.

우리가 신앙의 공동체를 이루고 있는 교회는 우리가 사는 집보다 더 폐쇄적이고 더 굳게 닫혀 있다. 자연과 단절되어 있을 뿐만 아니라 세상과 담을 높이 쌓고, 오직 교회 안에 거하는 자만이 거룩하며 구원받는다는 의식이 강해 이웃과 세계와 자신을 구별하는 것이 교인의 정체성을 높여준다고 믿고 있다.

시골이나 도시나 할 것 없이 교회건물은 콘크리트와 철근으로 지어졌고, 그 높이는 세상의 어떤 빌딩보다 높다. 교회건물도 역시 아파트처럼 숨구멍을 찾아볼 수 없으며, 예배 때 이외에는 언제나 교회 문은 굳게 닫혀 있다.

시편 기자의 말씀처럼 하나님이 거하시는 곳은 우주만물이다. 하나님은 바람, 구름, 번갯불과 흐르는 물, 곡식이 풍성한 들녘과 포도나무와 함께 거하신다. 또 그 속에 풍성한 생명의 기운을 가득 채우시는데, 오늘날 교회는 하나님의 기운이 가득한 이 모든 우주만물과의 연결통로를 건물을 통해, 설교를 통해, 교리와 신학을 통해 차단하고 있다.

하나님의 기운이 가득한 대자연, 우주만물과의 단절은 곧 하나님과의 단절이며, 하나님과의 단절은 곧 교회 정체성의 상실을 의미한다. 자연과 단절하고 세상과 단절하며, 우주공간과 소통하지 않는 교회는 다만 건물로서의 교회일 뿐, 그 이하도 이상도 아니다. 오늘날 현대교회는 농촌이든 도시든 사람만 있지 하나님 없는 교회, 말만 있지 자연의 기운이 없는 교회, 건물만 있지 공동체가 없는 교회이다. 그래서 이름만 교회일 뿐 하나님의 교회 곧 하나님의 집은 아닌 것이다.

교회도 사람의 집처럼 하늘을 나는 새, 흐르는 시냇물, 밤하늘의 달빛, 따사로운 봄햇살, 동산에서 불어오는 솔바람과 소통하고 만나야 한다. 그래야만 하나님을 만날 수 있으며, 하나님의 기운을 신앙인들이 받을 수 있는 것이다.

하나님의 집을 지으려는 사람들

그래서 요즘에는 옛날 시골집을 복원해 짓고, 옛 마을을 이루며 살아가려는 사람들이 곳곳에 생겨나고 있다. 유럽에도 생태마을을 조성해서 사는 사람들이 부쩍 늘었다고 한다. 그들은 집을 나무로 짓고, 지붕을 흙으로 덮어 그곳에 풀과 나무를 심고, 빗물을 받아 생활용수로 쓰고, 다시 그 물을 정화하여 동물과 채소에게 주고, 말 그대로 자연을 해하지 않고 자연에 순응하며 살아간다.

국외뿐만 아니라 국내에서도 활발하게 우리집, 우리 마을 짓기 운동이 벌어지고 있다. 윤구병 선생은 변산반도에서, 허병섭 목사는 무주 등지에서 옛집을 짓고 옛날 마을공동체를 일구며 살아간다. 또한 친구인 조규백 목사는 흙과 나무로만 교회를 지었다. 교회 제단을 커다란 창문으로 만들어 예배를 드릴 때에는 자연과 호흡할 수 있게 했다. 최근에 금산의 받들교회처럼 황토와 나무로만 교회를 짓고 농사가 주님의 참된 선교라 고백하며 하나님의 말씀을 묵상하고자 하는 교회가 늘어나고 있다.

이것은 바로 도시의 인공집에서는 인간답게 살 수도 없으며, 사람의 말만 가득한 현대교회에서는 하나님을 만날 수 없고, 오직 노동을 통하여 자연과 우주와 교감하는 것만이 하나님과 교감하는 것이라고 믿기 때문이다.

건물로서의 교회는 하나님의 집이 아니다. 땀흘려 일하는 논과 밭, 만물이 숨쉬는 대자연이 하나님의 집이다. 강원도 홍천에서 목회하는 친구 박순웅 목사는 오늘도 건물로서의 교회를 벗어나 콩밭에 나아가 하나님과 더불어 땀흘려 일한다. 그곳에서 하나님의 숨결을 온몸으로 느낄 수 있기에.

자연이 말씀이다

말씀이 육신이 되신 그리스도

그리스도를 믿는 신앙인은 말씀을 좇아 순례하는 자요, 그 말씀으로 사는 자이다. 말씀은 우리를 살리고 말씀은 우리를 하나님의 자녀가 되게 한다. 교회 공동체는 말씀의 토대 위에 세워졌으며, 말씀이 세상에 드러나게 하는 성소聖所이다. 그래서 이 교회 공동체에 모인 자들은 말씀을 사모하는 자요, 그 말씀대로 살아가는 자이다.

그런데 여기에서 중요한 것은, 예수 그리스도께서 말씀이 육신이 되어 이 세상에 오셨다는 것이다.(요 1:14) 말씀이 사람의 몸을 입으셨다는 말은 말씀이 어떤 초자연적 현상으로, 혹은 초월적 차원으로 나타나는 것이 아니라 우리와 똑같은 모습, 우리의 몸, 얼굴, 눈과 같은 사람의 모습으로 오셨다는 것이다. 그분이 바로 이 세상에 오신 예수 그리스도이시다.

예수 그리스도는 이 세상에 우리와 똑같은 모습으로 오셔서 우리와 똑같이 밥을 드시고 물과 공기를 마시고 숨을 쉬었으며, 두 발로 걸어다니며 우리와 똑같은 목소리를 지니고 계셨다. 말씀으로 오신 그분이 우리가 사는 이 세상에 우리와 같은 모습으로 오셨다는 것을 신앙인은 알아야 할 것이다.

만물 위에 계시고 만물을 꿰뚫고 계시며 만물 안에 계신 하나님 아버지께서(엡 4:6) 만물 가운데 당신의 아들 예수 그리스도를 보내주신 것이다. 하나님은 예수 그리스도를 사람에게만 보내주신 것이 아니라 우주만물 가운데로 보내주신 것이다. 그래서 그리스도는 우주만물의 왕이 되시고, 만물은 그리스도로 인해 존속하게 된다.(골 1:17)

그렇다면 하나님의 말씀을 어디에서 찾아야 하는가? 사람의 입에서 나오는 말인가? 아니면 사람의 문자에 있는가? 또 목사가 설교하는 그 속에 있는가? 물론 말씀은 성경에 기록돼 있을 뿐만 아니라 목사의 입으로 전해지기도 한다. 그러나 무엇보다 가장 신실하고 깨끗한 하나님의 말씀은 만물 안에 있다.

자연이 말씀이다

하나님이 세상을 창조하실 때 무엇으로 창조하셨는가? 성경의 첫장인 창세기 1장은 하나님께서 '말씀'으로 '세상'을 '창조'하셨다고 기록하고 있다. 하나님이 이 천지天地를 창조하신 재료는 다른 것이 아니라 말씀이다. 그러기에 이 천지 안에는 하나님의 말씀이 가득하다.

그래서 자연은 아무 일도 하지 않고 스스로 하나님의 말씀을 전한다. 다만 우리 인간이 너무 사람의 말과 문자에 갇혀서 듣지 못하고 느끼지 못할 뿐, 자연은 가장 진실하게 그분의 말씀을 담고 있다. 영혼의 샘물을 찾아 순례의 삶을 산 프란체스코는 자연에서 하나님의 숨결을 느꼈으며, 철학자 칸트는 철학적 영감을 자연과 호흡하며 자연을 거니는 중에 얻었다고 한다. 자연에 하나님의 보이지 않는 말씀이 숨어 있기 때문이다.

우리는 복잡한 도시생활 속에서 스트레스를 받고 답답하면 산책을 하거나 여행을 한다. 그것은 사람들의 말에서 떨어져 자연의 소리를 듣기 위함이다. 그러고 나면 다시 머리가 맑아지고 안정이 되어 일상생활 속으로 들어갈 수 있다. 또한 자연과 교감할 줄 아는 사람은 거짓말을 할 줄 모르는 맑은 영혼의 소유자이다. 그들은 자연 안에 가득한 하나님의 말씀을 묵상하는 자이기 때문이다.

하나님께 가장 가까이 다가간 사람은 자연 속에서 살아가는 사람이며, 하나님의 삶을 사는 신앙인은 자연과 더불어 사는 사람이다. 그리스도인은 사람의 말보다는 자연의 소리에 더 귀 기울일 줄 알아야 한다.

옛날 우리 선조들은 자연과 더불어 살았다. 돌 하나, 나무 하나, 산 하나, 어느 것 하나 함부로 하지 않고 소중하게 여기는 마음이 있었다. 기독교신학은 그것들을 미신이다, 샤머니즘이다 하며 정죄하였지만 그러나 선조들은 자연사랑을 넘어 자연과 내 몸은 하나라는 신앙을 가지고 살았다. 오늘 우리 기독교인들에게 필요한 신앙은 자연을 내 몸처럼, 하나님의 집처럼 여기며 살아가는 신앙이다.

그러나 지금까지 서구 기독교의 자연 지배적이고 자연 정복적인 신앙은 자연을 황폐하게 했는데, 그것은 하나님의 집을 망치는 것이었다. 자연을 개발하고 정복하는 차원을 넘어 요즘에는 자연을 왜곡시키고 병들게 하고 있다. 자연을 병들게 하는 것은 하나님의 말씀을 고갈시키는 것이요, 하나님과 점점 멀어지는 죄악인 것이다.

우리는 자연 그대로의 모습을 회복하고 살아가지 않으면 모두가 죽을 수밖에 없는 시대에 살고 있다. 이 시대에 가장 필요한 신앙은 다름아닌 자연 속에서 하나님의 말씀을 듣고 자연처럼 살아가는 신앙일 것이다.

말씀과 더불어 사신 할머니

우리 할머니, 어머니들은 자연을 정말 신성하고 거룩하게 여겨 함부로 하지 않으셨다. 그분들이 나무 앞에서 절하고, 바위나 돌을 섬기고, 자연과 더불어 살아간 것을 두고 서구 기독교신학은 '범신론이며 미신이요, 마귀의 짓이다' 라고 하지만 하나님의 이름으로, 예수의 이름으로 자연을 파괴하고, 정복하고, 왜곡하고, 지배하고, 학대해 온 서구 기독교신앙보다는 하나님 신앙에 더 맞는 모습인 것이다.

우리는 자연 정복을 합리화해 온 서구 기독교신학을 배울 것이 아니라 우리의 어머니, 할머니에게서 하나님 신앙을 배워야 할 것이다. 우리 어머니와 할머니들은 자연과 교감하는 삶을 살았다. 자연과 더불어 숨을 쉬었다. 집안에 있는 돼지, 소, 닭, 감나무, 대추나무 이 모두를 자기 가족처럼 여기고 사랑하였다. 사람은 굶어도 소, 돼지, 닭은 먹이를 주었다.

돼지에게 먹이를 줄 때면,

"어여 먹어라. 맛있게 먹고 잘 자라다오."

담장 밑에 핀 장미꽃에 다가가 물을 주며,

"목마르지 않니? 너도 우리집 식구니, 물 한모금 먹고 예쁜 꽃 피워다오."

대추나무에 대추가 조금밖에 열리지 않으면 손주 녀석들이,

"아이구, 저 못난 대추나무, 겨우 이것밖에 못 열었어? 할머니, 저 대추나무 당장 잘라버려요. 네?" 하고 투정부리면 할머니는 얼른 아이들의 입을 틀어막으며, "이놈, 대추나무가 들을라. 어유, 우리 착하고 예쁜 대추나무, 올해에도 참 많이 열렸구나. 내년에는 더 많이 열리거라."

오히려 대추나무를 칭찬하며 격려하신다. 그러면 대추나무는 어김없이 할머니의 말씀을 알아들었다는 듯이 그 다음해 가지가 꺾일 정도로 많은 대추를 맺는다.

이처럼 자연과 교감하며 더불어 살아가신 할머니는 말씀과 더불어 사신 것이다. 말씀과 더불어 살아가신 할머니에게서 우리는 어떤 욕심도, 어떤 막힘도 볼 수 없다. 그저 자연에 순응하며 살아가는 할머니 모습에서 하나님의 얼굴을 보게 된다.

하나님을 잘 섬기는 것은 사람이 아니라 자연이다

출애굽기 3장 14절에 하나님은 모세에게 이르시기를 자신을 '스스로 있는 자'라고 말씀하셨다. 자연自然이란 말의 뜻을 풀어보면, 스스로 자自에 그럴 연然이다. 이 말은 스스로 그렇게 있는 모양, 인공을 더하지 아니한 우주에 저절로 있는 모든 것이라는 뜻이다. 다시 말하면 자연은 '스스로 있는 것'이다. 하나님은 자연처럼 스스로 계신 분이요, 언제나 변함없이 그 자리에 계신다.

그러기에 스스로 계신 하나님의 마음을 잘 아는 것은 사람이 아니라 자연이다. 사람만이 용트림을 하며 버둥거리고 다투고 빼앗고 갈라서고 그러지, 자연은 언제나 그 자리에 있다.

자연은 평화이다. 그래서 자연은 아름답다. 자연은 언제나 제 모습 그대로 있다. 바람이 불고 비가 와도 자연은 언제나 그 모습 그대로이다. 다만 사람만이 시끄럽고 법석일 뿐. 비바람이 불고 홍수가 일어나 인명 피해가 일어나도 다만 사람만이 안쓰러워하고 속상해할 뿐, 자연은 제 스스로 그 흐름 속에서 흘러간다. 자연은 언제나 제 스스로 말씀에 따라 순응하며 살아간다.

사람만이 자신의 뜻과 오만한 기술로 하나님의 뜻을 거스를 뿐, 풀 한포기, 새 한마리, 숲이나 시냇물은 하나님의 뜻(스스로 있음)에 충실하다. 사람은 무엇을 마실까, 무엇을 입을까 염려하지만(마 6:25), 언덕 위에 핀 꽃은 염려가 없다. 그래서 자연은 아름답지만 사람은 추하다.

말씀이 어디 있느냐고 묻지 말라. 말씀은 이미 자연 안에 아름답게 녹아 있지 않은가. 하나님은 말씀으로 자연을 지으셨고, 자연은 말씀을 온전히 품고 살아가지 않는가. 말씀은 언덕 위에 핀 들꽃에 담겨 있고, 흐르는 시냇물과 함께 흘러간다. 말씀은 한겨울 찬바람을 이겨내는 겨울나무며, 언 땅을 뚫고 돋아난 풀잎이다. 말씀은 가을 담장 위에 앉아 있는 늙은 호박이며, 다 익어 떨어지는 빨간 대추이다. 이렇게 자연 안에는 하나님의 말씀으로 충만하다.

하나님의 집인 대자연과 호흡하시오. 자연과 교감하는 자는 말씀과 교감하는 자요, 자연을 사랑하는 자는 말씀을 사랑하는 자며, 자연과 더불어 살아가는 자는 말씀과 더불어 살아가는 자이다.

자연에서 하나님의 말씀을 듣기를 바라오. 그러면 우리의 영혼은 더 맑아지고, 우리의 몸과 영혼과 삶과 교회는 우리 주님께서 부어주시는 생명의 기운으로 가득해질 것이오.

성령이여, 민들레꽃 안에 임하소서

성령 충만과 그리스도인

얼마전에 성남에서 목회하는 선배 목사를 만나 그의 목회이야기를 들은 적이 있다. 서울에서 부목사로 오랫동안 목회를 하다가 이곳에 부임한 선배 목사는 얼마되지 않아 금요철야예배를 인도하게 되었다. 예배를 마치고 자유롭게 기도하는 중에 그는 성도들의 기도 소리를 듣고 당혹감을 감출 수 없었다고 한다.

성도들의 기도는 한결같이 '성령을 주시옵소서' '성령 충만하게 하옵소서' '성령으로 내 문제를 해결해 주시옵소서' 하며, 성령을 무슨 만병통치 약쯤으로 생각하고 오직 성령 받기만을 간구하는 것이었다. 여기에는 예수의 고난도 십자가도 없고, 그리스도의 제자된 사명을 다하겠다는 신앙의 결단도 없이 오직 성령만 받게 해달라고 기도하는 것을 보고, 선배 목사는 기도를 중단시키고 다음과 같이 말했다고 한다.

"성도 여러분! 성령 받기를 두려워해야 합니다. 성령 받은 자의 모습이 어떠한지, 여러분은 알고 있습니까? 성령을 받은 사람은 새로운 존재로 거듭난 자입니다. 세상의 그릇된 욕심에서 벗어나 그리스도의 몸으로 사는 사람입니다.
정말 여러분은 성령을 받아, 그 성령의 인도하심대로 살 자신이 있습니까? 우리의 삶은 여전히 그리스도인으로 살지 못하면서 무조건 성령만 받으면 된다는 것은 참다운 신앙인의 모습이 아닙니다.
사랑하는 성도 여러분! 성령 받기를 두려워합시다."

성령을 독점하는 사람들

한국 그리스도인들은 성령을 무슨 금은보화 같은 값비싼 물건으로 생각하여 무조건 많이 받으면 된다고 생각한다. 너도나도 일단 성령을 받고 보자는 식이다. 이것은 한국교회가 성령을 마치 소유할 수 있는 고급스러운 물건으로 포장했기 때문이다.

오늘날 교회는 성령을 받을 수 있는 통로를 부흥집회나 기도원의 은사집회 같은 곳으로 한정해 놓으면서 그런 집회를 일년에도 수백, 수천번씩 열어 교인들을 모으고 있다. 또한 성령을 받기 위해서는 유명한 부흥사나 목사를 통해서만 가능하다고 선전한다. 심지어 수백만원의 헌금을 선금으로 내야 신령한(?) 목사의 안수기도를 받을 수 있고, 그래야 성령의 도움을 받을 수 있다는 얘기도 적잖이 들린다. 그래서 그들은 막대한 돈을 투자해 자기들의 얼굴에 광채가 나는 포스터를 만들어 거리 곳곳에 붙여놓고 사람들을 끌어모으고 있다. 이들은 마치 성령을 사고팔 수 있는 물건처럼 상품화하고 있는 것이다.

많은 교회와 성도들은 기도원이나 교회 부흥집회에서 성령을 받았다고 좋아하다가 집에 돌아오면 성령 받은 자의 모습을 곧 잃는 경우가 많다. 그들은 성령체험의 징표로서 이적과 은사만을 절대시하고, 삶 속에서 성령의 선한 열매를 맺는 데에는 별 관심이 없다. 또한 교회는 성령을 많이 받았느냐, 적게 받았느냐에 따라 성도의 신앙의 깊이를 판단하기도 한다. 그래서 평생 성령 받은 경험이 없는 사람들은 곧 좌절하여 교회를 떠나게 된다.

이처럼 성령만 받으면 만사형통이라는 성령 만능주의와 자기들 마음대로 주고받을 수 있다는 성령 물질주의가 오늘날 현대교회에 가득하다. 대부분의 대형 교회는 성령을 하나의 물건으로 생각하여 많이 소유하면 할수록 구원에 이르는 길은 빠르며, 이 지상에서 누려야 할 복이 차고 넘칠 것이라 설교한다. 심지어 성령의 이름으로 교회를 성장시킨 대형 교회의 목회자들의 말 한마디는 세상권력에 조금도 뒤지지 않는 막강한 법이 되고, 교회의 헌금은 세상의 명예를 살 수 있는 자본이 되기도 한다. 그들은 성령 만능주의에 사로잡혀 우리를 위하여 고난받으신 그리스도의 모습을 가리고 있으며, 이 세상에서 그리스도의 제자된 사명을 망각하게 만든다.

또한 그들은 성령을 자신들만 독점할 수 있는 유일한 특권을 부여받은 양 외치고 있다. 자기들의 요구와 기도 없이는 성령이 움직이고 능력을 발휘하지 못하는 것처럼 자유하신 성령의 활동을 오도하고 있는 것이다. 그래서 성령을 자신이 좌지우지할 수 있다고 믿고 외치는 목회자는 자신을 우상화하게 되고 이단시비를 불러일으키게 되는 것이다.

바람과 성령

예수님께서는 성령을 바람에 비유하시며 니고데모에게 다음과 같이 말씀하셨다.

"바람이 임의로 불매 네가 그 소리를 들어도 어디서 오며 어디로 가는지 알지 못하나니 성령으로 난 사람은 다 이러하니라." (요 3:8)

이 말씀은 성령으로 난 사람은 바람과 같은 존재라는 것이다. 바람은 막힘이 없는 자유한 숨이다. 어느 곳에 갇혀 있지 않고, 어느 곳에 막혀 있지 않고, 어느 곳에서나 자유롭다. 어느 한곳에 갇혀 있지 않은 성령은 어느 한 사람에게 독점되지 않고 자유로이 '사방에서' 불어온다.

우주만물의 근원은 영이신 하나님이시요, 그 영은 우주만물 어디에나 있는 자유하신 영이다. 그래서 성령은 그리스도 교회나 유명한 목사, 역사적 종교나 인물에게 갇혀 계시는 영이 아니다. 유명한 목사나 교회와 그리스도교가 있는 곳에 성령이 임재하는 것이 아니라, 성령이 임재하고 역사하시는 곳에 교회가 탄생하고 참된 그리스도인들이 살아 있는 것이다. 그러므로 성령은 교회 안에 갇혀 계신 것이 아니라 하나님이 창조하신 창조세계, 우주만물 속에서 활동하시며 모든 생명체는 그 성령의 인도하심대로 살아간다.

생명의 영이신 성령은 사람에게만 임하시지 않고, 언덕 위에 들꽃, 하늘을 날아오르는 종달새, 시냇가의 물방개, 이름모를 들꽃들에도 성령은 임하시어 생명의 꽃을 피우신다. 성령은 생명의 활동生活을 하는 곳 어디에나 계신다. 교회 안에 임하신 성령은 교회 밖 마을 아낙네들의 빨래터에도, 농부들이 땀흘려 일하는 들녘에도, 아이들이 물장구 치는 개울가에도, 언덕 위에 활짝 핀 노란 민들레꽃에도 성령은 임하셔서, 하나님이 창조하신 생명이 그 본래의 생명 활동을 하며 살도록 하신다.

성령의 사람은 성령을 자기들의 요구에 따라 좌지우지할 수 있다고 믿는 자가 아니라, 텅빈 우주와 텅빈 우리 마음 가운데 가득차 있는 성령을 몸과 영혼으로 호흡하고 느끼는 자이다.

예수께서는 성령은 임의로 분다고 말씀하셨다. '임의로 분다'는 말씀은 인간의 뜻, 인간의 욕심, 인간의 의지대로 움직이는 것이 아니라 하나님의 뜻대로, 자연의 흐름 속에서 살아 움직인다는 말씀이다. 바람처럼 자유하신 성령은 인간의 뜻에 따라 좌지우지되지 않으시고, 인간의 소유대상이 될 수 없으며, 인간의 욕심을 채우는 수단이 될 수 없다. 오직 성령은 아버지 하나님의 뜻대로, 그분이 하시는 자유한 바람이시다.

바람이신 성령은 곧 생명의 영이시다

> "땅이 혼돈하고 공허하며, 어둠이 깊음 위에 있고, 하나님의 영이 물 위에 움직이고 계셨다." (창 1:2)
> "주 하나님이 땅의 흙으로 사람을 지으시고, 그의 코에 생명의 기운을 불어넣으시니, 사람이 생명체가 되었다." (창 2:7)
> "너 생기야! 사방에서부터 불어와서 이 살해당한 사람들에게 불어서 그들이 살아나게 하여라." (겔 37:9)

성경은 성령을 생명의 기운, 생기, 입김, 숨, 바람 등으로 기록하고 있다.(창 2:5~7, 시 104:29, 30, 요 3:8) 이 말씀은 성령이 생명의 영이라는 말이다. 성령은 죽어가는 모든 것을 살리시는 생명의 영이다.(롬 8:11) 성령은 만물이 생기를 얻어 다시 살아나고, 만물 속에서 자유로이 생명의 바람이 불어 하나님의 창조가 가능하도록 하는 생명의 원천이다. 생명의 영에 이끌려 살아가는 존재는, 죽음의 그늘에 가리워 생기를 잃고 죽어가는 세상을 성령의 도움을 받아서 다시 살아나도록 돕는 자들이다.

성령은 생명의 영, 생기, 숨이 되어 잠들어 있는 우리 안에 오셔서 영혼을 흔들어 깨워준다. 닫혀 있는 마음, 갇혀 있는 우리의 영혼 안에 오셔서 세상의 더러운 오물덩이들을 씻어내고 하나님의 숨, 하나님의 입김을 맞으며 살게 하신다. 그래서 봄바람이 꽃봉오리를 깨워 피우듯이, 여름바람이 푸른 잎을 흔들어 피우듯이, 우리도 하나님의 숨결과 기운을 품어 이웃을 사랑의 눈으로 바라보게 하시며, 절망하는 세상에 생기가 되어 살아가게 하신다.

그래서 마침내 성령은 "내가 아버지 안에 있고 아버지는 내 안에 계시도록"(요 14:10) 하시며, 사도 바울의 고백처럼 "내 안에 내가 사는 것이 아니라 그리스도가 살게" 하신다. 성령의 사람은 하나님과 하나되어 한 숨, 한 입김, 한 바람이 되어 살아가는 존재이다. 이것이 영생의 삶이다.

성령의 사람은 성령을 금은보화처럼 소유하여 자기 삶의 이익이나 방편으로 삼는 것이 아니라 하나님과 한 숨, 한 생명이 되어 세상 어느 곳에서도 막혀 있거나 갇혀 있지 않는 삶을 사는 자들이다. 이러한 삶이야말로 길과 진리와 생명이 되시는 그리스도 안에서 영원한 삶을 사는 그리스도인의 참다운 삶이라 하겠다.

물과 성만찬
― 자연은 성만찬의 자리이다

물은 만물의 근원

지구의 70%는 물이고 30%만이 육지이다. 지구라는 땅덩이에서 물이 차지하는 비율은 절대적이다. 지구와 마찬가지로 사람의 몸도 70%의 물과 30%의 육체로 이뤄져 있다. 어디 지구와 사람뿐인가? 소 · 돼지 · 닭과 같은 집짐승, 참새 · 종달새 · 까치 같은 날짐승, 호랑이 · 사자와 같은 야생동물들 모두 사람처럼 많은 부분이 물로 이뤄졌다. 또한 들에 핀 꽃과 풀, 산에서 자라는 나무들도 물에 의해 생명활동을 한다.

사람은 단 하루라도 물을 마시지 못하면 심한 갈증을 느낀다. 또 10일 이상 물을 마시지 못하면 탈수증을 일으켜 곧 죽게 된다. 사람뿐만 아니라 이 세상에 살아 있는 모든 생물체에게서 물이 빠져나간다는 것은 곧 죽어간다는 것을 의미한다.

아기 때에는 몸의 75% 이상이 물이지만 나이 50~60세가 되면 50%로 줄

어든다고 한다. 물이 많은 어린 나이일수록 몸이 부드럽고 생기가 가득하지만, 나이가 들수록 물이 줄어들어 몸이 경직되고 피부가 노화된다. 이것은 몸 안의 물이 빠져나가기 때문이다.

사람 몸에서 물이 빠져나감으로 노화가 되는 것처럼, 온난화와 물의 오염으로 지구라는 몸 안에 물이 부족해지면 그것은 지구의 노화를 촉발시키는 것이고, 결국 물 부족으로 인해 지구의 종말이 올 수 있다는 것을 의미한다.

지구와 사람, 이 세상에 살아가는 모든 생명체는 물을 벗어나서 살아갈 수 없기에, 물에 의해 살아간다고 해도 과장된 말이 아니다. 그래서 철학자 헤겔은 물은 만물의 어머니라고 했다. 고대의 철학자들도 만물의 근원을 물로 보았다. 철학의 아버지라 불리는 그리스 철학자 탈레스는 이 만물을 생성시킨 근원적인 존재가 물이라고 주장했다. 이 세상 모든 만물은 물에서부터 태어나고 물에 의해 살아간다는 것을 의미한다.

물을 생각함

물은 우리의 몸을 유익하게 할 뿐만 아니라 우리의 마음과 정신을 바르게 인도한다.

물은 위에서 아래로 흐른다. 아래서 위로 흐르는 물도 있으나 그것은 분수와 같이 인위적인 것이요, 물은 언제나 위에서 아래로 흐른다. 높은 자리에 연연하지 않고 자꾸만 낮은 곳으로 흐르기에 우리는 물에서 예수의 정신을 본다.

예수는 물처럼 낮은 자리로 내려가신 분이다. 한없이 낮아지신 주님은 제자들에게 낮은 자의 도리를 지키며 살 것을 당부하셨다.

우리는 물에서 겸손을 배운다. 물은 더러운 것을 깨끗이 씻어준다. 물은 겉사람을 씻어줄 뿐만 아니라 속사람도 씻어준다. 물은 영적인 의미를 담고 있어서 우리의 영혼을 맑게 씻어준다. 요단강에서 물로 몸을 씻음(세례)받은 예수는 곧 성령을 받아 아버지의 일을 할 수 있었다.

물은 부드럽다. 어린아이가 개울가에서 손으로 물을 모으면 물은 거부하지 않고 그 아이의 손에 담긴다. 항아리에 물을 담으면 물은 항아리 크기만큼 담긴다. 물은 어느 모양이든지 자기 뜻보다는 타인의 뜻(그릇이든, 항아리든, 사람의 손이든)을 따라 그와 한 몸이 된다. 물처럼 부드러운 자만이 이웃과 하나되고, 자연과 하나되며, 하나님과 하나될 수 있다.

물은 만물을 비추는 거울이다. 물은 있는 그대로의 모습을 비춰준다. 어떤 거짓이나 꾸밈도 없다. 그래서 물은 정직하며, 솔직하다. 사람처럼 숨기거나 속이지 않고 언제나 투명하게 자신을 보일 뿐만 아니라 만물을 있는 그대로 보여준다.

물은 돌고 돈다. 물이 한곳에 고이면 이미 그 물은 물이 아니다. 고인 물은 썩어 물의 참 모습을 잃어버리기 때문이다. 물은 흘러야 물이다. 위에서 아래로, 하늘에서 땅으로, 땅에서 다시 하늘로 돌고 돈다. 그것은 물은 누구의 소유도 아니라는 것이다. 물의 주인은 하나님이시요, 우리는 그 물처럼 하나님의 뜻에 따라 순례의 삶을 살 뿐이다.

성서 속에 흐르는 물

창세기에 기록된 창조설화에서 물의 주인은 하나님이며, 또 하나님은 물을 통하여 세상을 창조하고 계심을 보여주고 있다.

"처음에 하나님께서 하늘과 땅을 지으셨다. 땅은 아직 모양을 갖추지 않고 아무것도 생기지 않았는데, 어둠이 깊은 물 위에 뒤덮여 있었고 그 물 위에 하나님의 기운이 휘돌고 있었다. ……하나님께서 '물 한가운데 창공이 생겨 물과 물 사이가 갈라져라!' 하시자 그대로 되었다. 하나님께서는 이렇게 창공을 만들어 창공 아래 있는 물과 창공 위에 있는 물을 갈라놓으셨다. ……하나님께서 '하늘 아래 있는 물이 한곳으로 모여, 마른 땅이 드러나거라!' 하시자 그대로 되었다. 하나님께서는 마른 땅을 뭍이라, 물이 모인 곳을 바다라 부르셨다. ……하나님께서 '땅에서 푸른 움이 돋아나거라! 땅 위에 낟알을 내는 풀과 씨 있는 온갖 과일나무가 돋아나거라!' 하시자 그대로 되었다. ……하나님께서 사람을 당신의 모습으로 창조하시고 바다와 땅 위의 온갖 생물을 다스리게 하셨다." (창 1:1~2:4)

어둠이 깊은 물 위에 덮여 있던 태초에, 하나님의 기운이 그 물 위를 휘돌고 있었다. 그러다 우주공간에 가득찬 물이 하나님의 기운에 의해 새롭게 열려 처음 세상이 나타나게 되었다. 물과 물을 가르니 하늘 위의 물과 하늘 아래의 물이 생겨 하늘이 열리고, 하늘 아래의 물을 한곳으로 모으니 마른 땅이 드러나 뭍이 생겼다. 그리하여 이 세상은 마침내 하늘과 물과 뭍으로 나누어졌다.

물과 뭍으로 이루어진 이 땅에서 온갖 동식물이 자라나고, 처음 사람 아담과 이브가 살았다. 아담 이후로부터 사람은 물과 뭍에서 살게 되었다. 하나님은 이 물과 뭍을 축복과 저주, 삶과 죽음의 도구로 삼으셨다. 하나님의 말씀에 순종하는 아브라함에게는 젖과 꿀이 흐르는 땅, 곧 물이 마르지 않는 기름진 땅의 축복을 주셨다. 그러나 하나님의 말씀을 거역한 아담, 카인 같은 자들에게는 땅의 저주(창 3, 4장)를 주셨을 뿐만 아니라 노아 시대에는 큰 물을 내어 땅의 사람들에게 저주(창 7~9장)를 내리셨다. 때로는 홍해를 갈라 바로의 군대를 멸하시고 이스라엘 백성들을 인도하시기도 했

다.(출 14장)

아모스 4장 7절 이하에는 비를 내리지 않으심으로 죄를 짓고 여호와께 돌아오지 않는 이스라엘 백성들을 벌하신다. 또한 여호와 하나님은 이스라엘 백성들이 온갖 못된 짓을 하여 땅을 부정하게 했을 때에, 물을 끼얹어 부정한 모든 것을 깨끗이 씻어 새 마음을 품고 살아가도록 하셨다.(겔 36:16~27) 그리고 사람을 믿고 살아가는 자들에게는 벌판에 자라난 덤불과 뙤약볕만이 내리쬐는 사막에서 사는 저주를 주시지만, 하나님을 믿고 의지하는 사람에게는 물가에 심은 나무처럼 잎사귀가 무성하며 아무리 가물어도 걱정 없이 많은 열매를 맺으며 사는 복을 주셨다.(렘 17:5~8)

그리스도는 생명의 물이시다

그리스도는 이 세상의 밥(떡)으로 오셨으며, 빛이요 진리요 길이시다. 또한 주님은 예언자들이 약속한 생명의 물로 이 세상에 오셨다. 그는 무엇보다 먼저 세례 요한에게서 물로 세례를 받으셨다.(마 3:13~17) 물은 세례의 식에서 영적 의미를 담고 있다. 예수는 요단강에서 요한의 세례를 받으신 후 성령을 충만히 받고 십자가의 고난을 받으심으로써 구원을 이루셨다.

세례를 받으신 후 예수께서 제일 먼저 이루신 기적은 가나의 혼인잔치에서 물로 포도주를 만드신 일이다.(요 2:1~12) 그리고 마침내 주님은 유대 지도자 니고데모에게 물과 성령으로 나지 않으면 하나님나라에 들어갈 수 없다고 말씀하셨다.(요 3:5)

물로 세례를 받으셨을 뿐만 아니라 물과 성령으로 거듭날 것을 말씀하신 예수는 왜 이렇게 물을 중요하게 여기셨는가? 물은 창조주 하나님의 생명의 힘이며, 당신 스스로 생명의 물이시기 때문이다. 그리스도는 생명의 근원, 곧 하나님에게서 오신 생명의 물이시다.

> "이 우물물을 마시는 사람은 다시 목마르겠지만 내가 주는 물을 마시는 사람은 영원히 목마르지 않을 것이다. 내가 주는 물은 그 사람 속에서 샘물처럼 솟아올라 영원히 살게 할 것이다."(요 4:13, 14)

그래서 예수는 목마른 사람은 다 내게로 오라고 말씀하셨다. "목마른 사람은 다 내게로 와서 마셔라. 나를 믿는 사람은 성서의 말씀대로 그 속에서 샘솟는 물이 강물처럼 흘러나올 것이다"(요 7:38)라고 말씀하셨다.

예수는 과월절(유월절)을 하루 앞두고 이제 이 세상을 떠나 하늘 아버지께로 가실 때가 된 것을 아시고, 이 세상에서 사랑하는 행위로써 물로 제자들의 더러운 발을 직접 씻어주셨다. 그리고 예수는 제자들의 발을 씻으신 후에, 당신이 그렇게 하신 것처럼, 너희도 서로 물로 발을 씻으며 서로 사랑하라 말씀하셨다.(요 13:1~20)

생명의 물이신 그리스도는 서로의 더러운 곳을 씻어주는 사랑이시다. 그래서 우리가 마실 물은 내 입으로 들어가는 것이 아니라 교회와 이웃, 세상이 함께 마셔야 하는 생명의 물이다.

예수는 마침내 십자가에 달리시기 전에 제자들을 다락방에 모아놓고 마지막 만찬을 마련하셨다. 마지막 만찬의 식단은 빵과 포도주였다. 예수는 빵을 들어 축복하시고 제자들에게 나눠주시며 말씀하시기를 "받아 먹으라. 이것은 내 몸이다" 하시고, 또 잔을 들어 감사의 기도를 올리시고 그들에게 돌리시며 "너희는 모두 이 잔을 받아 마셔라. 이것은 나의 피다. 죄를 용서

해 주려고 많은 사람을 위하여 내가 흘리는 계약의 피다"라고 말씀하셨다.(마 26:26~28)

성만찬의 변질 — 교회와 의식에 갇힌 주님의 몸

그리스도인이 지난 2000년 동안 매주일 고백하고 행해온 예배의식은 말씀예전과 성만찬예전이다. 말씀예전은 기록된 하나님의 말씀을 묵상하고 나누는 것이요, 성만찬예전은 주님의 살과 피를 함께 먹고 마심으로 주님의 부활을 기억하며 기념하는 것이다. 그러나 그리스도의 살과 피는 기억하고 마는 것이 아니다. 그것은 우리가 매일 일상의 생활 속에서 나누어 먹고 마시는 생명의 행위이다. 초대교회 이후 그리스도인들은 매일 교회 안에서 그리스도의 살과 피를 기억하고 기념만 했지, 실제로 생명의 살과 피를 이웃과 세계와 자연과 나누지 못했다. 그래서 교회는 타락했고, 성도는 영혼의 생수를 마시지 못하고 있다.

초대교회는 실제로 주님의 만찬을 입으로만 고백하고 머리로만 기억하지 않았다. 그들은 주님께서 이 세상에 오셔서 당신의 살과 피를 가난한 이웃에게 나누어주는 본을 보여주신 것처럼, 직접 가난한 자들을 초대하여 함께 먹고 마심으로 하나님의 나라를 맛보았다.

주님은 세리와 죄인의 친구요, 먹고 마시기를 즐기는 자라고 했다. 아무것도 없는 빈들에서도 주님은 밥의 나눔을 통해 5,000명이나 먹이셨다. 엠마오로 가는 제자는 부활하신 주님을 밥을 함께 나눈 자리에서 알아보았다.

언제나 밥을 먹고 나누는 자리에 주님은 계신다. 또 이웃과 형제와 밥을 서로 나누면 주님은 우리의 친구가 되어 주신다. 이것이 성만찬의 본질이며, 교회와 그리스도인이 마땅히 행할 예배이다. 우리가 그렇게 행할 때에만 주님의 십자가의 고난과 부활이 우리의 삶 속에서 되살아나며, 우리 안에서 하나님의 나라를 경험하게 되는 것이다.

그러나 교회는 주님의 만찬을 상징화했고, 또 신학적으로, 교리적으로, 교권적으로 성만찬을 규정해 놓았다. 성직자들은 성만찬을 자신의 권위를 세우고, 교회를 유지하는 도구로 이용해왔다. 교회는 세상과 구별하는 방식으로 성만찬을 예전화해왔다. 그래서 성만찬은 교회건물 안에서, 예전 안에서만 행해져 왔지, 실제 주님께서 죄인과 세리와 함께 살과 피를 나눴던 삶의 자리에서 이루어진 적은 없다. 주님의 살과 피는 교회의식 속에, 교회건물 속에, 성직자들의 손 안에 갇혀버렸다.

지구에 흐르는 물은 그리스도의 피라

만물의 왕이신 그리스도는 지구라는 우리 삶의 터전과 멀리 계신 분이 아니다. 바로 2000년 전에 육신의 몸으로 이 지구에 오셨고, 지구라는 공동체에서 33년을 살았을 뿐만 아니라 사람이 사는 지구 공동체에 구원자로 오신 것이다.

하나님께서 창조하신 지구는 어머니이시다. 이 땅에 흐르고 있는 물은 어머니의 젖이며, 오곡이 열매맺는 땅덩이는 어머니의 살이다. 우리는 매일 그것을 먹고 마심으로 산다. 그렇다면 땅에 흐르는 물은 그리스도의 피요, 이 생명이 움터나는 땅은 그리스도의 몸이라고 고백해야 하지 않을까. 우리가 매일 단 하루도 마시지 않으면 심한 갈증을 느끼며 고통을 받게 되는 물 한모금은 예수의 피 한모금이요, 우리가 매일 먹지 않으면 살지 못하는 밥 한그릇은 예수의 살 한그릇이라 할 수 있다.

우리가 이 지구 공동체에서 숨쉬고 살아가는 한, 우리는 하나님이 창조하신 하늘과 땅, 물과 물, 어머니이신 지구를 그리스도의 살과 피로 고백하며 살아야 할 것이다. 이른 아침 깊은 우물에서 길어 마시는 시원한 물 한사발은 주님의 피요, 식구와 이웃이 한 상에 둘러앉아 나누어 먹는 밥은 주님의 살인 것이다.

그러기에 주님께서 세례 받으신 요단강 물만 거룩한 것이 아니라 우리집 앞개울에 흐르는 물도 거룩하다. 농사짓는 논물이 거룩하며, 지하에 흐르는 물이 거룩하며, 깊은 우물에서 길어올린 샘물이 거룩하다. 밥 짓고 빨래하고 몸 씻고 농사 짓고 술 빚는 물이 거룩하다. 주님의 피는 성만찬 제단에 놓인 포도주가 아니라 바로 우리의 몸을 살리고 생명을 살리는 밥상 위에 놓여진 한사발의 물이다. 그래서 우리는 한사발의 물에서 주님의 피를 맛보고, 그 물을 함께 나눠 마실 뿐만 아니라 거룩하게 여겨야 하리라.

그대는 기적을 무엇이라 하며, 그것을 어디에서 보는가. 지금 우리가 물을 마시며 사는 것이 기적이 아닌가. 물이 무엇인데, 물을 마심으로 산단 말인가. 기적을 보기 원하면 지금 저 흙이 있는 들녘으로 달려가보라. 조그만 수박씨 한알이 흙에 심겨져 자기 몸보다 수백 수천배나 더 큰 수박덩이로 커진 것이 기적이 아니고 무엇인가. 한알의 작은 볍씨가 물이 가득한 논에 심겨져 수백개의 볍씨를 맺는 것이 기적이 아니고 무엇이란 말인가.

그 기적은 지금 이 지구에 흐르고 있는 그리스도의 피, 곧 물에서 나온다. 수박씨에서 싹이 나고 넝쿨이 뻗고 꽃이 피어 수박 열매를 맺고, 그 덩어리가 점점 커지는 것은 아주 가느다란 수박 넝쿨 뿌리를 통해 주님께서 생명의 물을 공급해 주시기 때문이다. 아낌없이 당신의 피를 수박 넝쿨 뿌리에 내줌으로 기적은 이루어진다.

마치 물로 포도주를 만드신 가나의 혼인잔치처럼, 우리들도 주님의 피를 공급받아 우리의 피를 만들어내고, 우리의 생명을 물을 통해 살리고 있는 것이다. 이것이 기적이요, 하나님의 은총이며, 그리스도의 사랑이 아니고 무엇이란 말인가.

그대, 진정 물을 물로 보지 말라. 물은 그리스도의 피이다.

2

밥 한사발의 영성

숨과 영성
밥 한사발의 영성
한송이 들꽃처럼 살 수만 있다면
손으로 하는 신앙

숨과 영성

숨과 하나님

숨은 태초에 하나님에게서 시작되었다. 창세기 2장 7절에 "여호와 하나님께서 진흙으로 사람을 빚어 만드시고 코에 입김을 불어넣으시니" 사람이 되어 숨을 쉬었다고 기록되어 있다. 하나님의 생기로 쉬기 시작한 숨은 우리의 생명력과 창조의 원천이 된다. 하나님에게서 피조된 모든 생명체는 하나님의 생기로 숨을 쉬지 않는 것이 하나도 없다. 모든 생명체의 원천은 숨이며, 그 숨쉬기를 통해 생명을 생명이게 한다.

이 세상에 살아 있는 것 중에 숨을 쉬지 않는 것은 하나도 없다. 사람도 숨을 쉬지 않으면 한순간도 살 수 없다. 사람뿐만 아니라 들짐승도, 언덕 위에 들꽃도, 개울가의 물방개도 모두 숨을 쉰다. 또한 지구라는 생명체도 숨을 쉰다. 어디 그뿐이랴. 거대한 우주공간도 숨을 쉰다. 그 숨은 모두 태초에 시작된 하나님의 숨인 것이다.

에스겔 37장 9절에 "너 생기야! 사방에서 이 살해당한 사람들에게 불어서 그들이 살아나게 하여라"고 말씀하고 있다. 하나님의 생명의 기운, 곧 하나님의 숨은 우리를 살리는 숨이다. 우리가 하나님의 숨을 회복하고 제대로 숨을 쉴 수만 있다면, 나를 살릴 뿐만 아니라 이웃을 살리고 지구를 살리고 우주를 살린다.

현대인들의 숨은 욕심과 이기, 탐욕으로 거칠어지고 얕아졌다. 결국 현대인의 잘못된 숨이 이 인류를 망가뜨렸고 위기로 빠져들게 했다. 제대로 된 한번의 숨이 망가진 지구의 숨을 회복시킬 수 있는 것이다.

우리의 숨은 곧 우주의 숨과 같은 숨이다. 이것이 바로 하나님께서 태초에 사람의 숨과 우주의 숨, 사람의 숨과 언덕 위에 꽃 한송이의 숨을 같은 숨으로 만드셨기 때문이다. 우리 사람은 홀로 숨을 쉬어서는 안 된다. 사람의 숨은 동료 이웃과 한 숨, 자연과 한 숨, 지구와 한 숨, 우주와 한 숨을 이루며 숨을 쉬도록 창조되었기 때문이다.

숨쉬기는 하나님을 내 안에 모시는 일이다

하나님의 생기로 시작한 숨은 하나님을 호흡하는 것이다. 그러기에 숨쉬기는 '하나님과 호흡하기'이다. 우리가 매일 숨쉬는 것은 하나님을 내 안에 모시는 거룩한 행위이다. 우리가 숨을 제대로 쉴 수만 있다면, 숨을 쉬는 것만으로도 하나님을 느낄 수 있다. 우리가 태초의 그 숨을 회복하고, 매일매일 태초의 숨을 쉴 수만 있다면 우리는 숨을 쉬는 것만으로도 하나님을 만날 수 있다. 그러기에 신앙인에게 가장 기본은 숨을 제대로 쉬는 것이다.

우리는 평상시에 제대로 숨을 쉬지 못하고 지낸다. 너무나도 많은 생각,

많은 감정이 호흡을 얕고 불규칙하게 만든다. 호흡은 우리의 감정과 기분에 따라 변한다. 화가 났을 때 우리의 호흡은 짧고 얕아진다. 사랑을 할 때는 깊고 빨라진다. 행복할 때는 여유롭고 풍부하다. 그리고 두려움을 느낄 때 호흡은 잦아든다.

마음이 편안해지면 입안에 맑은 침이 고이고 숨결이 절로 고와진다. 숨결을 고르게 하는 것은 사람의 성품을 곱게 하는 열쇠이다. 숨결을 곱게 하면서 화를 내는 사람은 하나도 없다.

숨을 어떻게 쉬는가에 따라 노화하기도 하고 젊음을 되찾기도 한다. 숨을 어떻게 쉬는가에 따라 우리의 영혼은 맑아지기도 하고 혼탁해지기도 한다.

그래서 우리는 호흡으로 감정, 이성, 몸까지도 다스려야 한다. 그러나 우리는 우리의 감정과 생각에 숨이 끌려가서 마음과 몸을 망가뜨리고 있다. 모든 질병은 마음에서 시작되며 마음에서 풀린다. 마음이 세상을 움직인다. 그런데 마음을 다스리고 풀 수 있는 방법은 다름아닌 '숨'을 고르게 하는 일이다.

못된 망나니는 감정이 격해지면 숨부터 빨라지고 거칠어진다. 이런 망나니에게 자신의 숨을 다스릴 수 있는 훈련을 시키면 온순한 사람으로 변할 수 있다. 그가 가만히 눈을 감고 태초의 숨을 회복한다면, 그는 과거의 잘못들이 머리 속에 떠올라 자신의 잘못을 진정으로 회개할 수 있을 것이다.

숨을 인식하는 것은 자신을 인식하는 것이고, 우주의 기운을 마시는 것이며 하나님과 호흡하는 것이기에, 호흡만으로도 사람이 변할 수 있는 것이다.

숨을 제대로 쉬게 하는 것이 신앙훈련이요 목회이다. 신앙훈련이란 태초에 하나님이 주신 숨을 회복하는 일이고, 목회란 성도들이 주님을 호흡할 수 있게 도와주며 성도들 상호간의 호흡을 회복시켜 주는 일이다.

성도들에게 설교 이전에 호흡을 가르치자. 호흡만 제대로 되면, 긴 설교도 미사여구의 설교도 필요 없다. 호흡만 바르면 하나님 말씀 그 자체가 우리의 정신 속에, 영혼 속에 맑게 스며들고 삶 속에서 살아날 수 있기 때문이다.

영성이란? 들숨과 날숨

숨에는 들숨과 날숨이 있다. 들숨만 있고 날숨이 없다면 우리는 숨을 쉴 수 없으며, 날숨만 있고 들숨이 없다면 우리는 숨을 쉰 것이 아니다. 숨이란 들숨만 할 수도 날숨만 할 수도 없다. 숨은 들어오고 나가는 것이다.

가만히 숨을 들이마셔보자. 그리고 가만히 내쉬어보자. 무엇이 들어오고 무엇이 나가는가를 느껴보자. 우리가 숨을 들이마시는 것은 성령과 호흡하는 것이고, 우리가 숨을 내쉬는 것은 우리의 찌꺼기를 몸 밖으로 내보내는 것이다. 들숨은 성령을 내 안에 모시는 일이고, 날숨은 병들고 때묻은 내 생각과 욕심덩이를 빠져나가게 하는 것이다.

오늘날 기독교인들은 들숨만 하려고 하는데, 어찌 날숨이 없이 들숨을 할 수 있겠는가? 나의 찌꺼기, 나의 욕심덩어리, 나의 감정의 노폐물이 빠져나가야 내 안에 공간이 생기고, 그 자리로 싱그럽고 맑은 생명의 기운이 들어올 것이 아니겠는가?

영성이란 무엇인가? 들숨과 날숨이다. 우리 신앙인은 들숨과 날숨을 통해 거룩하신 하나님을 느낄 수 있다. 바로 들숨과 날숨을 통해 우리의 마음과 몸을 건강하게 하고, 바른 삶을 살며, 이웃과 화해하며 살 수 있는 것이다. 그래서 우리는 제대로 된 들숨과 날숨을 통해 잃어버린 영성을 회복할 수 있다. 그러기에 숨쉬기는 거룩한 행위이다.

숨 제대로 쉬기

당신은 숨을 어떻게 쉬고 있는가. 가슴에서 쉬고 있는가. 자신도 모르게 입을 벌리고 입으로 쉬고 있는가. 당신의 숨을 의식적으로 아랫배(단전)까지 끌어내려보자. 갓 태어난 아기들은 가슴이나 입으로 쉬지 않고 아랫배에서 숨을 쉬는 것을 볼 수 있다. 가슴으로 쉬는 숨은 깊지 못해 얕아지고, 입으로 숨을 쉬면 제대로 그분의 영이 스며들 수 없다. 갓 태어난 아기의 숨이 바로 태초의 숨인 것이다. 머리나 입, 또는 가슴으로 숨을 쉬지 않고 배꼽 아래에서 쉬는 숨은 태초 때부터 하나님이 가르쳐주신 숨이다.

눈을 감고 숨을 쉬어보자. 자세는 가장 편한 자세로, 손은 배꼽 밑 단전(배꼽 밑 5cm)에 가지런히 모으자. 그리고 우리의 의식을 아랫배 단전까지 끌어내리고 깊게 호흡해 보자. 마음이 안정되고 머리가 맑아지는 것을 경험할 것이다. 처음에는 5분, 다음에는 10분, 30분 날마다 조금씩 계속할 수 있다면 몇 달 뒤에, 아랫배가 따뜻해지고 뱃심이 생겨날 것이다.

자, 그럼 구체적인 숨의 자세를 한번 배워보자.

먼저 편안하게 책상다리를 하고 앉습니다.
숨을 깊게 들이마시고 허리가 바닥까지 닿도록 숙이면서 길게 숨을 내쉽니다. 허리를 숙일 때 이빨 사이로 '쓰으' 하고 소리를 내면서 숨을 길게 뽑아냅니다. 내쉬는 숨을 잘 쉬어주면 들어오는 숨은 저절로 이루어집니다.

여러분의 몸과 마음에 쌓인 온갖 스트레스를 이때 다 내보냅니다. 세번 정도 허리를 숙이면서 숨을 길게 내쉽니다.

이제 허리를 곧추 세우고 좌우로 몸통을 천천히 흔들어줍니다. 모래시계를 연상하면서 모래가 바닥으로 쌓이듯 기운이 여러분의 아랫배에 쌓인다고 상상합니다. 서서히 움직임을 멈추고 아랫배에 의식을 둡니다.

아주 자연스럽게 호흡을 지켜보되 의식을 계속 아랫배에 둡니다.

억지로 깊게 호흡을 하는 것은 결코 도움이 되지 않습니다.

아랫배에 어떤 느낌이 생겨나면 그 느낌을 살펴보십시오. 따뜻합니까? 동전만한 압력이 느껴지기도 할 것입니다. 나선형의 소용돌이가 느껴지기도 할 것입니다. 아무 느낌이 없을 수도 있습니다. 중요한 것은 고르고 부드럽고 깊은 호흡에 도달하는 것입니다.

여러분에게는 여러분에게 알맞은 자신만의 호흡이 있습니다.

편안하게 숨을 쭉 들이마셔봅시다. 아주 편안하게.

들이마실 수 있는 데까지 계속 들이마십니다. 계속 쭉 들이마시면서 호흡을 따라가봅시다. 얼마만큼 숨이 들어오면 당신의 몸이 만족을 느낍니까?

다시 숨이 나가는 것을 따라가봅시다. 진짜 당신의 호흡이 짧은지 긴지를 관찰해봅시다.

허파 가득, 세포 가득히 산소를 흠뻑 들이마셔봅시다. 최대한 들이마실 만큼 들이마십니다. 그리고 더 길게 내쉴 수 있는 데까지 다 내쉽니다. 그렇게 당신의 몸과 대화를 하십시오.

가슴으로만 들이마셔서는 안 됩니다. 온몸이 풍선같이 꽉 찰 수 있도록 들이마셔봅시다. 계속 들이마시다보면 몸이 부들부들 떨리기도 합니다.

그때 천천히 호흡을 풀어주십시오. 열번 정도하고 나면 여러분의 몸이 상쾌해지고 머리가 맑아집니다.

여러분의 몸이 느끼기에 아주 충만하고 편안한 호흡을 하도록 하십시오. 호흡이 손끝까지 들어가는 느낌이 들도록. 그러면 호흡이 발끝까지 들어가는 느낌도 들 것입니다.

온몸에 산소가 충만한 느낌이 들도록 들이마시고 천천히 편안하게 내쉽니다. 너무 천천히 내쉬려고 또 너무 빨리 내쉬려고도 할 필요가 없습니다.

여러분한테 맞는 호흡이 어디까지인가를 찾는 것이 중요합니다. 너무 많이 들이 마시면 내쉴 때 천천히 내쉴 수 없습니다. 어디까지가 적당한가? 여러분이 알아낼 수 있습니다. 편안하게 들이마실 수 있고, 편안하게 내쉴 수 있을 때 몸에 기운이 충만해지는 것을 느낄 수 있습니다. 그것이 바로 여러분의 몸이 원하는 호흡입니다.

—『생활 속의 명상』한문화, 183~189 쪽 참고

내가 내 몸을 관조한다

우리는 남을 관찰하고 남을 판단하며 평가하기를 좋아한다. 그러나 나 자신을 관찰하고 판단하며 바라보지는 않는다.

바른 숨쉬기란 바로 내가 내 몸을 관찰하는 것이다.

가만히 눈을 감고, 내 몸 밖으로 잠시 나와 내 몸을 관찰해 보자. 호흡은 편안하게 자기 호흡을 찾아 하면서 내 얼굴을 본다. 지금 내 얼굴은 일그러졌는가, 아니면 미소짓고 있는가. 내 얼굴에서 다시 코를 보고 눈을 본다. 내 코는 지금 무슨 냄새를 맡고 있는가, 세상의 달콤한 유혹의 맛에 끌려 있는가, 아니면 싱그러운 자연의 향기에 취해 있는가. 내 눈은 지금 무엇을 바라보고 있는가. 내가 쟁취하고자 하는 것을 바라보고 있는가. 내가 나눠줄 나의 것을 바라보고 있는가. 다시 내 가슴과 배꼽, 배를 본다. 내 가슴은 차가운가. 무엇이라도 용서하고 사랑할 수 있는 뜨거운 가슴인가. 내 배는 지금 무엇으로 채워졌는가. 또 내 배꼽은 제대로 호흡을 하고 있는가. 그리고 팔을 타고 손등에서 잠시 멈추고, 내 손의 앞과 뒤를 본다. 내 손은 무엇을 움켜잡고 있는가. 다시 허리 아래로 내려와 무릎을 보고 발목을 보고 발등을 보고 발바닥을 본다. 내 발은 지금 어디를 향해 뛰어가고 있는가, 내 발은 잠시 쉬어가고 있는가.

이렇게 하루에 한번씩 바른 숨을 쉬면서 자기의 의식이 자기 몸을 관조하면 비로소 내가 나를 알 수 있고, 비로소 나와 내가 하나가 될 수 있는 것이다.

그러면 나는 내 몸을 함부로 할 수 없고, 내 몸을 소중하게 여길 것이며, 내 의식과 정신을 바르게 할 수 있을 것이다. 이것이 매일 주님을 호흡하는 신앙인의 삶인 것이다.

밥 한사발의 영성

밥과 생명

이 세상에 숨쉬며 사는 모든 생명은 밥을 먹고 산다. 그래서 사람은 하루에 세번씩 어김없이 밥상을 맞이한다. 멧돼지와 같은 야생동물들은 산토끼나 나무뿌리 같은 먹이를 밥으로 먹는다. 언덕 위에 이름모를 들풀의 밥은 물과 공기이다.

밥이 없으면 생명도 없다. 모든 생명은 밥에서 생겨났고 밥을 통해 자라나며 밥이 되어 죽어간다. 이것이 생명의 원리요, 밥의 원리이다. 그래서 우리 주님은 "나는 하늘에서 내려온 살아 있는 밥(떡)이다"(요 6:51)라고 말씀하셨다. 주님은 우리를 위해 기꺼이 밥이 되어 주셨고, 그 밥을 통해 우리 생명이 유지되고 있는 것이다.

밥을 먹고사는 모든 생명은 결국 이웃을 위해, 자연을 위해 밥이 되어 주는 것이다. 이것이 우리 주님께서 가르쳐주신 생명의 말씀이요, 구원에 이르는 길이다. 이 세상에 생명의 밥으로 오신 주님을 믿고 따르는 신앙은 '내가 비록 밥을 먹는 존재이되, 나는 이웃의 밥이 되어야 함'을 잊지 않고 사는 것이다.

밥의 위기

오늘날 밥은 커다란 위기를 맞이하고 있다. 밥의 위기는 밥의 독점에서 왔다. 주님께서는 일용할 양식만을 구하라 하셨지만, 사람들은 일생을 먹고도 남을 양식을 곳간에 쌓아두고 살아가는 꿈을 꾸며 산다. 오늘날 세계는 전인류를 먹이고도 남을 만큼의 충분한 식량을 생산해내면서도 식량의 공급과 분배 문제 때문에 세계 인구의 반에 가까운 사람이 영양실조에 빠져 있다. 심지어 매년 1천만~2천만의 사람들이 굶주림으로 죽어가고 있다. 남한은 차고 넘쳐 흥청망청거리며 먹고 마셔 돼지처럼 찐 살을 빼기 위해 야단인데, 북한의 어린이들은 굶주림의 고통 속에서 죽어가고 있다. 이러한 밥의 독점은 밥의 위기를 부르고 있는 것이다.

또한 밥의 위기는 밥의 오염으로 나타난다. 밥을 밥으로 보지 않고 돈으로 보는 자본주의시대에 농부들은 밥을 부의 축적을 위한 도구로 삼고, 심은 만큼 거두어들이는 땅의 원리를 거역하고 더 많은 곡물을 얻기 위해 화학비료와 농약으로 오염된 밥을 생산해내고 있다.

오염된 토양, 물, 공기로 생산된 밥을 먹는 사람들 역시 오염되었다. 전에 없던 질병도 많아졌고, 수명은 길어졌지만 건강하게 사는 사람은 그리 많지 않다.

하나님은 사람뿐만 아니라 모든 생명체의 밥은 땅을 통해서 얻도록 만드셨다. 땅이 생명의 주체(창 1:24)가 되어 모든 생명은 땅이 생산한 먹을거리를 먹고 살아가도록 하셨다. 그런데 오늘날 우리들은 땅에서 자란 밥보다는 기계로 찍어낸 밥을 먹고 산다. 각종 인스턴트 식품과 숨쉬지 않는 죽은 음식들이 우리의 양식이 되었다.

밥 한사발의 영성

이러한 밥의 위기를 이기는 힘은 밥을 생명의 밥으로 여기는, 밥의 영성을 통해 가능하다.

우리가 매일 먹는 밥 한사발은 어떻게 얻어지는가? 한사발의 밥은 '농부의 땀'과 '자연의 기운'과 생명을 새롭게 창조하고자 지금도 살아 계셔서 우리와 함께 일하시는 '하나님의 생명창조의 영'이 하나의 생명으로 창조되어 얻어지는 것이다.(창 1장) 농부와 자연과 하나님 중에 어느 것 하나가 없다면 밥을 얻을 수 없다. 즉 한사발의 밥에는 농부의 땀 한사발, 바람 한사발, 물 한사발, 햇볕 한사발 그리고 하나님의 생명의 영 한사발이 담겨 있는 것이다. 그러기에 한사발의 밥은 생명의 밥이다.

우리 주님은 밥을 생명으로 보지 않는 우리에게 자신은 "이 세상에 생명의 밥으로 왔다"고 말씀하셨다.(요 6:35) 주님은 말의 밥을 담는 말구유에서 태어나셨고, 당신의 살과 피를 우리의 밥으로 나눠주신 '밥이신 주님'이시다.

그러기에 밥은 땅에 속해 있으되, 하늘에서 온 살아 있는 것이다. 그것은 밥은 생명이요, 거룩한 주님의 살이기 때문이다. 주님은 말씀하시기를 "하늘에서 너희에게 진정한 밥을 내려주시는 분은 내 아버지이시다. 하나님께서 주시는 밥은 하늘에서 내려오는 것이며 세상에 생명을 준다"(요 6:32, 33)고 하셨다. 하늘에서 내려온 진정한 밥은 우리 주님 예수 그리스도의 십자가를 통하여 우리와 하나가 되었다. 즉 천상의 밥과 지상의 밥이 주님을 통하여 하나가 된 것이다. 우리는 이 생명의 밥, 천상의 밥과 지상의 밥이 일치된 생명의 밥이 어떤 특별한 양식이 아니라 우리가 매일 먹는 밥 한사발 속에 담겨 있음을 깨달아야 한다. 하늘에서 내려온 진정한 밥은 저 하늘, 우리가 알 수 없는 곳에 있는 것이 아니라 우리의 일상생활 속에서 매일 식구들과 동무들과 함께 나눠 먹는 밥 한사발 속에 담겨 있는 것이다.

밥 한사발 속에 담겨 있는 영성, 즉 한사발의 밥 속에서 하늘의 양식과 지상의 양식이 일치됨을 볼 수 있는 영성이 우리 안에 살아나야 한다. 한사발의 밥 속에서 하나님의 생명창조의 영을 느끼고, 한사발의 밥 속에 생명이신 주님이 담겨 있음을 볼 수 있는 신앙의 눈, 그런 영성을 회복할 수 있다면, 우리는 하나님께서 보내신 이를 믿는 자, 즉 하나님의 일을 하는 자들인 것이다.(요 6:29)

밥을 먹는 일은 주님을 모시는 예배행위이다

우리를 살리는 밥 한사발에는 거룩하신 우리 주님이 생명의 밥으로 담겨 계신다. 생명의 밥으로 오신 주님을 먹음으로 우리 생명은 살아날 수 있다. 우리가 밥을 먹는 일은 단순히 밥덩이를 몸 안에 기계적으로 집어넣는 행위가 아니다. 그것은 생명의 주님을 우리 안에 모시는 거룩한 예배행위인 것이다.

온 가족이 밥상에 둘러앉아 밥을 함께 나누는 일은 생명의 주님을 함께 나누는 일이요, 생명의 밥이신 우리 주님을 우리의 몸 안에 모시는 일이기에, 그것은 하나의 거룩한 종교의식, 예배의식인 것이다. 그러기에 우리는 한사발의 밥을 먹을 때에 지성으로 먹어야 한다. 매일 밥상 위에 오른 밥 한 사발을 대할 때마다 우리 주님을 대하듯, 생명의 밥이신 우리 주님을 내 안에 모시는 마음으로 먹어야 한다. 우리 주님은 우리의 일상생활과 그리 멀리 계신 분이 아니라 바로 우리가 살아가는 한가운데 생명 자체로 계시기 때문이다. 밥 한사발을 함부로 대하지 않는 신앙, 그 신앙이 우리를 살리고 세상을 구원하고 주님을 우리 안에 모시는 일이다.

어린 시절, 온 가족이 밥상에 둘러앉아 밥을 먹을 적에 밥을 남기거나 한 톨의 밥이라도 버리노라면, 어김없이 할머니께서 내 등짝을 치시며 "밥을 함부로 하면 천벌을 받는다"고 호되게 야단을 치신 일이 기억난다. 우리 할머니에게는 밥신앙, 다시 말하면 '밥이 곧 하늘이다' 라는 하늘신앙이 있었던 것이다. 밥을 하늘처럼 소중하게 여기고, 지성으로 하나님처럼 모시는 우리 할머니의 신앙이 바로 현대를 살아가는 우리에게 다시 살아나야 할 것이다.

이현주 목사는 '밥을 먹는 자녀에게' 이렇게 말씀하셨다.

    천천히 씹어서
    공손히 삼켜라

    봄에서 여름 지나
    가을까지
    그 여러 날을
    비 바람 땡볕으로

익어온 쌀인데

그렇게 허겁지겁
삼켜버리면
어느 틈에
고마운 마음이 들겠느냐

사람이
고마운 줄을 모르면, 그게
사람이 아닌 거여

밥을 나누는 곳에 하나님께서 계시도다

우리가 먹는 밥은 썩어 없어질 양식(요 6:27)이지만, 그 밥이 생명의 밥이 될 수 있는 것은 이웃과 밥을 나눴을 때이다. 주님의 하나님나라 운동은 '밥상공동체 운동'(박재순)이라 할 것이다. 예수께서는 하나님나라를 흔히 잔치로 비유하셨으며, 자신을 "먹고 마시기를 즐기는 자"라고 했을 정도로 함께 나눠 먹는 일을 생활화하셨다. 밥을 나눈다는 것은 곧 생명을 나눈다는 것이요, 삶을 나눈다는 것이다.

밥상공동체를 처음으로 설교한 박재순 목사는 보리떡 다섯개와 물고기 두마리로 오천명의 굶주린 군중이 배불리 먹었다는 이야기(눅 6:30~44)를 예수의 밥상공동체운동으로 해석했다.

"지극히 적은 음식을 가지고 오천명이 먹고도 열두광주리나 남았다는 표현은 굶주린 민중이 예수와 더불어 소유의 삶을 함께 나누면서 경험한 정의, 평화, 기쁨에 대한 감격을 기적적인 이야기로 표현한 것입니다. 이것은 보리떡 다섯개와 물고기 두마리가 물질적으로 자꾸 늘어났다는 그런 기적이 아니라 부족하고 보잘것

없는 음식을 여러 사람이 풍족하게 나눠 먹었다는 '나눔의 기적' 입니다. 예수는 나눔의 사건을 일으키는 분이며 나눔의 기적 그 자체입니다."

이제 주님의 부활도 밥상공동체적인 의미로 이해된다. 부활한 예수는 사상이나 정신 속에서 만날 수 있는 것이 아니라, 구체적인 삶 속에서 밥을 나눠 먹는 자리에서 만날 수 있다.(눅 24:13 이하)

엠마오로 가는 두 청년이 예루살렘에서 일어난 예수 사건에 대하여 이야기를 하는데 예수께서 끼어든다.

"서로 주고받는 이야기가 무엇이냐?"

"예수에 관한 이야기입니다. 그분은 행위나 말씀에 힘이 있는 예언자였습니다. 십자가에서 죽었다가 부활하셨습니다."

그러나 이들은 이렇게 머리로는 예수에 대해서 많이 알고 있었지만, 옆에 있는 주님을 알아보지 못하였다.

동네에 도착한 두 청년과 예수는 한 집으로 들어갔다. 이때까지도 두 청년은 예수를 알아보지 못하였다. 함께 식사를 하게 되었을 때, 예수께서 밥상에 앉아 밥을 떼어 축사하시고 함께 밥을 나눠 먹는 순간 "그들의 눈이 열려 예수를 알아보게 되었다"는 것이다.

우리는 매일 사랑하는 식구와 이웃과 동무들과 함께 밥을 나눔으로 주님을 모시는 밥상공동체를 이루며 살아야 할 것이다. 우리가 밥을 나누는 곳에 하나님께서 계시기 때문이다.

한송이 들꽃처럼 살 수만 있다면
— 목회자 단식수련회를 다녀와서

차고 넘치는 신앙?

오늘날 기독교인들이 기도를 할 때 가장 많이 쓰는 성경구절 중에 하나는 '씨뿌리는 사람의 비유'에 나오는 "백배, 육십배, 삼십배의 열매를 맺게 될 것이다"(마 13:8)라는 구절이다. "자비하신 하나님! 우리의 삶이 부족하고 궁핍함 없이 차고 넘치게 하시고, 삼십배, 육십배, 백배, 천배의 놀라운 결실을 얻게 하옵소서" 도대체 무엇을 차고 넘치게 해달라는 말인가 무엇을 삼십배, 육십배, 백배의 결실을 얻게 해달라는 것인가?

목회자들은 교인집에 심방을 가면 차고 넘치는 설교와 차고 넘치는 축복과 차고 넘치는 기도를 해주고, 또 교인들은 차고 넘치는 은혜와 차고 넘치는 물질과 차고 넘치는 사랑을 받음에 기뻐한다. 어쩌면 한국교회의 신앙관은 '차고 넘치는 신앙' 인지도 모른다. 지금까지 이러한 신앙관이 한국교회와 성도들의 심성을 지배해 왔다고 해도 과언이 아니다. 그 결과 한국교회는 삼십배, 육십배, 백배의 결실을 얻어 초고속 성장을 해왔고, 세계교회를 제압하기에 부족함이 없는 막강한 초대형 교회를 건설할 수 있었다.

그런데 놀라운 것은 그 '차고 넘치는' 신앙관이 풍요와 안락을 담보로 자연을 정복하고 인류공동체를 파괴해 온 서구 자본주의 산업문명의 세계관과 그 맥을 같이한다는 데 있다. 서구 산업문명은 국가와 개인의 물질적 풍요와 안락을 위해서 약소국가와 그 백성의 굶주림과 더 많은 자연의 정복과 착취를 정당화했다. 그래서 기독교인들도 이러한 자본주의에 물들어 자신들의 기도도 편리와 안락과 풍요를 누리며 살게 해달라는 것이었다. 그것이 가장 큰 축복이라 여기게 되었다. 이런 세계관과 신앙관이 맞물려 한국의 현대교회는 급속한 성장을 이룰 수 있었다.

과연 이러한 한국교회의 성장이 하나님의 은총의 결과인가. 진정 오늘 우리의 기도는 무엇을 차고 넘치게 해달라고 하는 기도인가. 지금 밤새워 드리는 우리의 간구는 과연 무엇을 이루기 위한 간구인가?

돌작밭과 같은 한국교회의 신앙관

마태복음 13장에 '씨뿌리는 사람의 비유'에서 '백배, 육십배, 삼십배의 열매를 맺을 것'이라는 주님의 말씀은 좋은 밭에 떨어진 씨앗이 그렇게 될 것이라는 것이다. 그러나 우리는 정복과 풍요를 위한 욕심으로 단단하게 굳어 있는 길바닥 같은 마음으로 무슨 선한 뜻을 이룰 수 있을까? 우리는 말씀에 뿌리를 내리지 못하면서, 더 좋은 상품과 자동차와 집과 양식을 위해 하루에도 수없이 마음이 변하는 돌작밭과 같은 삶을 살면서 수십배의 결실을 바라는가? 진리와 정의, 그리고 구원의 소망 없이 그저 풍선처럼 거짓바람이 가득 들어 있는 가시덤불과 같은 삶을 살면서 무슨 결실을 바라는가. 이러한 위선과 이기와 독선의 문명적 삶을 통해 백배, 육십배, 삼십배의 결실을 얻게 되었다면, 우리가 얻은 결실은 어쩌면 우리를 죽이고, 교회를 죽이고, 세상을 죽이며, 마침내 주님을 죽게 만드는 독버섯과 같은 열매일지도 모른다.

좋은 밭은 많은 열매를 바라지 않는다. 단지 자기 속에 있는 양분과 물 그리고 모든 기운을 그 씨앗에 나눠줄 뿐이다. 좋은 밭이란 자기를 비우고 자기의 것을 내어줄 수 있기에 좋은 밭이다. 더 놀라운 것은 '좋은 밭'은 백배, 육십배, 삼십배의 많은 열매를 맺을지라도 그것을 자기의 것이라 여기지 않는다는 것이다. 자기의 양분을 내줌으로 맺은 열매는 자기의 것이 아니라 그 길을 지나가는 나그네의 것이요, 그 열매를 얻기 위해 땀흘린 농부의 것이다. 그리고 그 열매는 하나님의 것이라 생각한다.

그러나 한국교회와 기독교인들은 하나님의 것도 자기 것이라고 고집하고, 남의 것도 내 것이 되게 해달라고 기도한다.

지금까지 한국교회는 어쩌면 길바닥 같은 신앙관을 가지고 백배, 육십배, 삼십배의 열매만을 간구해 왔으며, 한국 기독교인들은 돌밭 같은 믿음으로 차고 넘치는 축복을 위해 기도해 오지 않았는지, 한국교회 목회자들은 가시덤불과 같은 목회관을 가지고 죽은 나무에서 먹지 말아야 할 많은 열매를 먹고 기뻐하지는 않았는지 생각해 보아야 할 것이다.

우리는 이미 너무 많은 것을 가졌다. 우리의 신앙은 이미 차고 넘쳐 값싼 헌옷이 되었다. 하나님의 은총 또한 너무 차고 넘쳐 한방울의 물보다도 더 흔해 빠졌다고 여긴다. 그래서 우리는 쉽게 사랑을 버리고 쉽게 하나님의 은총을 잃어버린다.

이제 우리의 기도는 "하나님! 우리의 비움이 차고 넘치게 하시옵소서. 우리의 나눔이 차고 넘치게 하시옵소서. 우리의 사랑이 차고 넘치게 하시옵소서. 우리의 인내가 차고 넘치게 하시옵소서. 그러나 하나님, 좋은 밭인 우리의 마음은 언제나 고요한 물결처럼 잔잔히 당신의 미소로 일렁이게 하시옵소서"라고 간구해야 할 것이다.

몸 비우기

나는 얼마전에 민족생활의학자이신 장두석 선생을 모시고 30여 목회자 부부와 함께 경기도 마석에 있는 '감리교교육원'에서 '감리교 목회자 단식 수련회'를 한 적이 있다. 채움과 쟁취의 시대, 풍요와 안락의 시대에 자기 몸과 마음을 비우기 위한 모임은 생각보다 많은 목회자가 참석하지는 않아 '자기 몸 비우기에는 사람들의 마음이 없구나' 하는 아쉬움을 가지고 시작했다. 그러나 마음의 건강과 몸의 건강을 회복하고 마칠 수 있어서 이 행사를 잘했다는 생각과 함께 일상생활에서 실천해야 할 일임을 알았다. 특히 주강사인 장두석 선생과 최민희, 이선재 선생 그리고 열한분의 강사는 하나같이 물질의 시대에서 영성의 시대를 예비하시는 분이셨고, 우리보다 앞서서 그 길을 걸어가셨던 분이라, 그분들이 들려주신 살아 있는 말씀은 몸을 비우는 우리에게 마음 비움에도 큰 힘이 되었다.

첫날 월요일 저녁은 현미오곡밥으로 공동식사를 하고, 그 다음날은 오곡가루로 죽을 쒀먹은 다음 금요일 저녁 다시 죽을 먹을 때까지 물과 소금, 야채효소 그리고 감잎차만으로 1주일을 지냈다.

우리는 나흘 동안 밥을 굶으면서 된장찜질, 겨자찜질, 각탕 그리고 매일 소금물에 관장을 했다. 관장을 하는 첫날이었다. 우리는 4시간 동안 된장찜질을 하고 모두 관장을 했다. 관장이란 관장기를 이용해서 2리터 정도의 소금물을 항문을 통해 뱃속에 넣고 약 20분 정도 뒤에 뒷간에 가서 속을 비우는 것이다. 뒷간에서 일을 마치고 돌아온 계동교회 윤상호 전도사가 얼굴에 환한 미소를 머금고 들어와 소리를 질렀다.

"형님! 너무 너무 기쁘고 속이 시원해요. 이 기쁨을 형님과 함께 나누고 싶어요."

"무엇이 그리 기쁘고 좋으냐?"

"아, 글쎄 4주 전에 먹은 포도씨가 방금 전에 빠져나왔어요."

우리는 모두 크게 웃었다. 사람의 몸 안에는 5Kg~15Kg의 똥을 늘 가지고 다닌다고 한다. 그러니 우리 몸 안에 썩은 물질이 늘 남아 있는 것이고, 그 똥은 어제 혹은 며칠 전에 먹은 음식물의 찌꺼기가 아니라 한달, 두달 혹은 그 이전의 오랫동안 묵은 똥인 것이다. 바로 몇 개월 동안 썩은 똥이 독을 만들고 가스를 만들고 해서 병이 생기는 것이다.

우리는 잠에서 깨어나고 잠자리에 다시 들 때에 모두 알몸으로 자연바람을 맞는 '풍욕'과 '냉온욕'을 했다. 풍욕은 창문을 모두 열어놓고, 밖에서 들어온 신선한 공기로 피부가 호흡을 할 수 있도록 도와주는 것이다. 남자들은 커다란 방에서 옷을 모두 벗고 둥그렇게 앉아 풍욕을 했다. 알몸에 맑은 바람으로 호흡을 하며 서로 얼굴을 맞대고 운동을 하면서 우리는 어느덧 한 몸이 되는 듯했다. 풍욕을 하는 모습을 보면서 이것이 바로 태초의 모습을 회복하려는 종교적 행위요, 예배라는 생각이 들었다.

이 모든 일은 말 그대로 자기 몸 안에 남아 있는 찌꺼기를 없애기 위한 본능적인 행위였다. 자기 몸을 비우는 것은 생명의 본능이다. 야생동물이 몸이 아프면 아무것도 먹지 않는 것처럼, 우리도 몸이 아프면 먹기 싫어지는 것처럼 하나님이 창조하신 모든 생물체의 본능은 단식이었다. 그러나 생명체 중에서 유일하게 만물의 영장이라는 사람만이 이 본능을 잃어버렸다. 그것은 몸의 언어보다는 머리의 언어 즉 이성의 지배를 받기 때문이다. 인간이 알고 있는 많은 지식은 어쩌면 태초 때부터 가지고 있는 인간의 본능을 억압하는 일을 해왔는지 모른다. 몸의 소리를 듣지 못하는 인간은 많은 질병 속에서 고통을 겪으며 살아간다.

하나님이 주신 자연치유력

우리가 1주일 동안 몸 비우기를 한 것은 곧 우리의 몸이 문명의 때를 벗고 자연에 가까이 가려는 거룩한 행위였다. 그것은 태초에 하나님께서 창조하신 피조물 본래의 몸으로 가려는 종교적인 행위였다. 자기 몸의 찌꺼기를 없애는 단식은 하나님께서 태초로부터 지금까지 사람에게 부어주신 생명력을 키우려는 생명창조의 행위였다. 더러운 문명에 오염되어 생명력, 창조력을 상실한 우리가 자기 몸을 비움으로 새로운 몸으로, 새로운 사람으로 거듭나는 것이다.

모든 생명은 자기 몸 비우기를 통하여 몸 안에 잠재된 자연치유력을 키우고 그래서 자기 몸을 더욱 생기 있게 만든다. 그 자연치유력이 곧 자기 몸의 질병을 물리치는 힘인 것이다.

하나님께서는 우리 사람에게 어떤 질병이든지 제 몸 스스로 그 병을 물리

칠 수 있는 힘, 즉 '자연치유력'을 주셨다. 어떠한 병이든지 자연치유력을 키울 수만 있다면, 그 질병을 물리쳐 건강한 몸으로 회복할 수 있다. 그러나 사람들은 자연보다는 기계에 의존하는 삶을 살아가며, 조화와 나눔보다는 정복과 쟁취의 삶을 살아간다. 먹을거리는 오염되었고, 하나님이 주신 몸이 감당할 수 없을 만큼의 양을 먹음으로 그 자연치유력은 소멸되었다.

  단식은 바로 태초에 하나님께서 창조하신 사람의 모습, 하나님의 형상 본래의 모습에 가까이 가려는 행위이다. 자기 몸을 비우는 것은 바로 몸 안에 있는 찌꺼기를 비울 뿐만 아니라 마음의 찌꺼기를 없애서 영혼을 맑고 깨끗하게 만든다. 그러면 우리의 몸과 영혼은 하나님 앞에서 새로운 존재로 태어날 수 있는 것이다. 그리고 자기를 비움으로 솟아나는 힘을 통해 이 세상을 아름답고 생기 있는 하나님의 나라로 만들어갈 수 있는 것이다.

  우리가 지금 벗어나지 못하고 있는 서구의 산업기계문명은 사람들의 자연치유력을 약화시켰을 뿐만 아니라 이제는 완전히 그 흔적마저도 소멸시키고 있다. 우리가 입는 옷, 먹는 음식, 생활하는 집, 이 모든 왜곡된 생활문화가 우리 몸 안에 있는 자연치유력을 잠재우고 있을 뿐만 아니라 우리를 병들게 하고 있다.

  그러나 우리 조상들의 의식주衣食住는 바로 자연에 가까운 것이었으며 하나님께 가까이 가는 생명문화, 살림문화인 것이다. 자연에서 난 음식을 먹고, 자연에서 얻은 재료로 옷을 만들어 입고 집을 지어 살았으며, 자연을 사랑하고 자연과 일체된 삶을 살았다. 지금 우리는 조상들의 생명문화와 단절되어 서구문화에 질식된 채 살아가면서도 그것이 자기를 죽이고 있다는 사실을 모른다.

이제 우리는 사람의 생각과 기술과 욕심으로 잉태된 모든 인공품 속에 묻혀 하나님의 형상을 상실했다.

새 포도주는 새 부대에

우리는 앞산의 다람쥐보다도, 뒷동산의 부엉이보다도, 개울 속에 노니는 붕어보다도, 언덕 위에 핀 들꽃보다도 못한 존재이다. 야생동물은 질병이 없다고 한다. 그들은 다른 동물로부터 죽임을 당하지 않는 이상 대부분 하늘이 준 수명壽命을 온전히 누리다 자연사한다. 그것은 절대로 과식過食을 하지 않기 때문이다. 야생동물은 배가 부르면 절대로 사냥을 하지 않는다. 그들은 몸의 느낌으로 살아가기 때문이다. 생각이나 이성이 지배하는 삶이 아니라 몸의 삶을 살아가기 때문이다. 그러나 사람은 이성이 발달하여 몸의 요청을 무시하고, 몸이 머리에 지배되어 몸의 삶을 거부한다. 몸은 더이상 먹고 싶지 않은데 사람의 정신은 더 많은 것을 먹어야 한다고 생각하고, 소화되지 못한 음식물은 찌꺼기로 뱃속에 남아 독이 되고 병의 원인이 되는 것이다.

야생동물은 사람이 앓는 질병도 없을 뿐만 아니라 암癌이라는 병도 없다. 그들은 하나님이 주신 하나의 입으로 먹을 만큼만 먹지만, 사람은 본래 가지고 있는 하나의 입에다 이성이 선물한 두개의 입으로 게걸스럽게 닥치는 대로 먹어치운다. 산山처럼 커다란 입으로 말이다. 바로 이 암癌이란 질병이 우리 시대의 문명을 대변해 주고 있으며 우리의 몸과 영혼도, 우리의 신앙과 교회도 지금 암癌이라는 질병에 걸려 있는 것이다.

차고 넘치는 신앙, 무엇이든지 닥치는 대로 삼키는 현대교회는 너무 비만

하여 이 사회를 하나님의 나라로 변화시킬 능력을 잃었을 뿐만 아니라 자기 몸 하나 지탱할 힘조차도 없다. 심각한 성인병에 걸려 자기 정화능력을 상실한 현대교회는 그 안에 속한 성도들의 몸과 영혼까지도 질병에 걸리게 하고 있다.

야생동물은 아프면 먹지 않는다. 만병의 원인인 몸 속의 썩은 찌꺼기(숙변)를 빼내지 않고는 몸을 회복시킬 수 없다는 자연법을 그들은 알고 있기 때문이다. 개만 해도 그렇다. 개는 몸이 아프면 먹지 않을 뿐만 아니라 몸 속에 있는 찌꺼기를 빼내기 위해 부엌으로 가서 구정물을 먹은 뒤, 항문을 땅에 대고 쪼그리고 앉아 먼 산을 바라본다. 그런 뒤에 썩은 흙이 많은 상추밭에 구덩이를 파고 항문을 들이밀고 앉아 똥을 싼다. 염분이 몸에 들어가면 장운동을 촉진시킨다는 것을 알고 있기에 구정물을 먹는 것이다. 이처럼 개는 아프면 속을 비우고 단식을 하는 것이다.

개도 몸이 아프면 자기 몸을 비워 병든 몸을 치유하는데, 사람과 현대교회는 여전히 자기 몸 살찌우기에만 혈안이 되어 있지, 자기를 비워 하나님의 말씀으로 채울 생각을 못한다. 문제는 자신이 병들어 있다는 사실조차 느끼지 못하는 데 있다.

우리 주 예수 그리스도는 하늘의 보좌를 버리고, 자기를 비워 낮고 천한 세상에 오셨다. 주님이 이 세상에 오신 후에 처음 행한 일은 단식이다. 주님은 광야에서 40일 동안 단식을 함으로써 자기 안에 있는 온갖 탐욕과 욕망 그리고 명예와 권력 등 이 세상에 속한 모든 욕심을 극복함으로써 비로소 아버지의 일을 할 수 있었다. 주님의 삶이란 온전히 자기를 비우는 삶이었다. 십자가에서 자기를 완전히 비움으로 하나님의 뜻을 완성할 수 있었다.

온전히 비움의 삶을 사신 주님은 오늘날 탐욕과 이기, 과식과 질병으로 고통받고 있는 우리들에게 단식을 통하여 새로운 사람으로 다시 태어나기를 소망하고 계신다. 단식은 요한의 제자나 바리새파 사람들이 하듯이 율법적으로 행하는 것이 아니라 새로운 몸을 만들고, 새로운 사람으로 거듭나기 위한 행위임을 말씀하고 계신다. "새 포도주는 새 부대에 넣어야 한다"는 주님의 말씀은 자기를 비움으로 새로워진 사람만이 새로운 존재이신 그리스도를 모실 수 있다는 것이다. 자기 몸 안에 더러운 찌꺼기와 탐욕과 이기로 가득찬 사람은 새로운 것이 들어갈 자리가 없기 때문이다.

한송이 들꽃처럼 살 수만 있다면

언덕 위에 핀 한송이 들꽃은 아무런 욕심 없이 잘 산다. 바람이 불면 부는 대로, 비가 내리면 내리는 대로 비를 맞으며 서 있다. 더 많은 양분을 먹기 위해 다툼도 경쟁도 하지 않는다. 그저 하나님이 주신 햇볕 한줌, 바람 한점 그리고 물 한모금이면 된다. 자기 이름을 알리기 위해 아름다운 꽃을 자랑하지도 않으며 화려하게 꾸미지도 않는다. 그저 하나님의 뜻에 순응하며 하루 밤낮을 한송이 어여쁜 꽃을 피우기 위해 하늘의 은총을 바랄 뿐이다.

주님께서는 누가복음 12장 22절 이하에서 한송이 들꽃을 비유로 "저 꽃들이 어떻게 자라는가 생각해 보아라. 그것들은 수고도 아니하고 길쌈도 하지 않는다."(27절) "무엇을 먹을까 무엇을 마실까 하고 염려하며 애쓰지 말라. 그것들은 이 세상 사람들이 찾는 것이다"(29, 30절)라고 말씀하셨다.

이 말씀은 이 세상 사람들은 자신의 욕심과 이기심에 따라 살지만 하나님의 사람들은 한송이 들꽃처럼 무엇을 입을까 무엇을 먹을까 염려하지 않고 오직 하나님의 뜻에 순응하며 자연과 더불어 살아간다는 말씀이다. 사람의 오만과 욕심을 버리고 한송이 들꽃처럼 사는 자들에게 주님께서는 마침내 "너희 아버지께서는 하늘나라를 너희에게 기꺼이 주시기로 하셨다"(32절) 라고 말씀하셨다.

그렇다. 인간의 탐욕을 버리고 자연과 더불어 하나님의 뜻을 순응하며 살아가는 자에게 하나님 나라는 가까이 있는 것이다. 그렇다. 자기의 몸과 마음을 비우고 한송이 들꽃처럼 탐욕을 버리고 하나님의 뜻에 따라 살아가는 사람들에게 하나님 나라는 이미 주어진 것이다.

손으로 하는 신앙

머리가 손의 영향을 받는다

인류학자들은 인류문명의 발전동기를 직립에서 찾는다. 동물처럼 네 발로 기어다니던 인류가 두 발로 서서 걷게 됨으로써 비로소 머리를 쓸 수 있게 되었고, 그 뛰어난 머리(뇌)를 통해 발전할 수 있었다는 것이다.

그러나 최근의 학자들은 인류가 두 발로 걷게 됨으로써 머리가 발달한 것이 아니라, 손을 씀으로써 비로소 머리가 좋아지게 돼 인류가 발전할 수 있었다고 주장한다. 이것이 사실이라면, 인류발전의 동기는 머리가 아니라 손이요, 또 사람에게 있어서 머리보다 손이 먼저라는 말이다.

오늘날 치매를 예방하는 방법으로 손을 많이 사용하라는 것을 보면, 머리에 의해 손이 지시받는 것이 아니라 머리가 손의 영향을 받고 있음을 인정하지 않을 수 없다. 할머니가 어린 손주에게 가르쳐준 잼잼, 곤지곤지 등과 같은 놀이는 손을 이용한 놀이다. 아마도 할머니는 손놀이를 통해서 머리가 좋아진다는 사실을 경험으로 아신 것 같다.

손은 대체로 남자들보다는 여자들이 더 많이 쓴다. 남자는 자리에 앉아서 정치를 하고, 회의를 주제하고, 글을 쓰며 머리로 하는 일을 많이 하지만 여자는 집에서 살림하고, 공장에서 물건을 만들고, 밭에 나가 일을 하면서 주로 손으로 노동을 한다. 그런 의미에서 인류 발전의 밑거름은 바로 여성이라 해야겠다.

그러나 오늘날 우리 사회는 손을 쓰는 사람보다는 머리를 쓰는 사람을 더 좋아하고 대접해 준다. 손을 쓰는 공장의 노동자, 농촌의 농부와 어부처럼 천대받는 직업을 갖지 않으려 한다. 남들보다 머리가 조금 좋아서 기억력이나 암기력이 뛰어나 좋은 대학에 가고, 시험을 잘 봐서 판사나 검사 혹은 의사 같은 사람들이 대접을 잘 받기 때문에 모두가 그런 사람들처럼 되고자 한다.

대체로 머리를 쓰는 사람은 순수하지 못하다. 어떻게 하면 저 사람을 궁지로 몰아 더 많은 것을 얻을 수 있을까 궁리하면서 자신은 절대로 손해보지 않으려 한다. 대부분 머리를 써 공부만 하는 사람들을 보면 이기적이고 욕심이 많은 것을 알 수 있다. 그러나 손을 쓰는 농부들은 순수하다. 자신의 손으로 정성스레 뿌린 씨앗이 심은 만큼 열매맺기를 바란다. 그 이상도 이하도 아니다.

이 세상에 없어서는 안 될 사람들은 손을 쓰는 사람들이다. 머리를 쓰는 검사, 정치인, 철학자, 목사는 없어도 살 수 있지만 손을 쓰는 농부가 없으면 우리는 살아갈 수가 없다.

가정에서 소리만 지르는 아버지가 없다면 그럭저럭 살아갈 수 있지만 손을 쓰는 어머니가 하루라도 없으면 집이 엉망이 되는 것을 우리는 안다. 그처럼 손은 위대하며, 손을 쓰는 이들에 의해 인류가 지탱되어 올 수 있었던 것이다.

하나님을 만나는 길은 머리가 아니라 손이다

신앙도 마찬가지로 머리로 예수를 이해하는 것이 아니라 손으로 예수의 사랑을 실천하는 것이 더 중요하다. 골방에 가만히 앉아서 예수를 이해하고 깨닫는 것이 아니라, 손으로 하는 이웃 사랑을 통해 주님을 경험하고 깨닫는 것이 신앙이다.

길道을 아는 것과 길道을 걸어가는 것과는 엄청난 차이가 있다. 산을 바라보는 것과 산을 올라가보는 것은 다르다. 산을 그저 바라만 보아서는 산을 알았다고 할 수 없다. 산을 직접 올라봐야 그 산의 참맛을 알 수 있다. 그처럼 신앙도 내가 머리로 이해하는 것이 아니라 손과 발로 직접 그 사랑에 참여하는 것이다.

이웃에게 다가가 그의 손을 잡는 것은 머리가 아니라 손이다. 내 것을 이웃에게 나누는 것도 손이요, 친구에게 사랑의 선물을 받는 것도 손이다.

그러나 오늘날 한국교회는 교회 안에 갇혀서 예수를 머리로 이해하는 것에만 익숙해졌다. 한주간에도 수십번에 걸친 설교 그리고 시시때때로 하는 성경공부, 계절별로 하는 사경회, 부흥회 같은 것을 통해 머리는 비대해졌지만, 그 반대로 손은 가냘프고 힘을 잃어 예수 사랑을 실천하지 못하는 아주 게으른 기형적인 신앙인을 양성하고 있다.

교회 밖에서는 그리스도인들의 사랑의 손길을 갈망하는데, 머리만 비대해진 기독교인은 교회 문을 열 만한 손의 힘이 없어 예수님의 사랑을 실천하지 못한다.

중세의 신비주의운동가 에크하르트는 "하나님을 만나는 길은 머리가 아니라 손"이라고 말했다. 에크하르트의 말처럼 머리로 하는 신인합일의 신비주의가 아니라, 손으로 하나님께 다가가는 손의 신비주의, 손의 영성이 오늘날 한국교회 기독교인들에게 되살아나야 할 것이다.

마리아의 머리와 마르다의 손

누가복음 10장 38절 이하에 보면 마르다와 마리아의 이야기가 나온다. 예수의 일행이 여행하다가 어떤 마을에 들렀는데 마르다라는 여자가 예수를 자기 집에 모셨다. 그에게는 마리아라는 동생이 있었는데 마리아는 주님의 발치에 앉아서 말씀을 듣고 있었다. 시중드는 일에 경황이 없던 마르다는 예수께 와서 "주님, 제 동생이 저에게만 일을 떠맡기는데 이것을 보시고도 가만두십니까? 마리아더러 저를 좀 거들어주라고 일러주십시오"라고 말하였다.

그때 주님은 "마르다야, 너는 많은 일에 다 마음을 쓰며 걱정하지만 실상 필요한 것은 한가지뿐이다. 마리아는 참 좋은 몫을 택했다. 그것을 빼앗아서는 안 된다"라고 말씀하셨다.

이 말씀에서 보면 손님 대접하기 위해 손이 바쁜 마르다보다는 말씀을 듣는 일에 열심인 마리아가 주님의 마음에 더 들며, 그 신앙이 옳은 것으로 되어 있다. 옳은 말씀이다. 말씀이 늘 삶에 중심이 되어야 한다.

그러나 문제는 그 말씀을 머리로만 듣고 머리로 이해하는 데 있다. 요한

복음 11장을 보면, 마리아의 머리로 하는 신앙보다는 마르다의 발로 하는 신앙, 손으로 하는 신앙이 더 위대하다는 것을 알 수 있다.

마르다와 마리아의 오빠 라자로가 죽어, 예수님이 그를 살리기 위해 그 자매가 사는 베다니아 동네에 오시게 되었다. 그때, 마리아는 집안에 가만히 앉아 있었지만, 마르다는 동네 어귀까지 예수님을 마중 나갔다. 그리고 주님께 애원하듯 말한다. "주님, 주님께서 여기에 계셨더라면 제 오빠는 죽지 않았을 것입니다. 그러나 지금이라도 주님께서 구하시기만 하면 무엇이든지 하나님께서 다 이루어주실 줄 압니다."

그러자 주님께서는 참으로 놀라운 말씀을 하신다.

"네 오빠는 다시 살아날 것이다."

이 성경의 이야기에서 보면, 가만히 앉아 말씀만 듣기를 좋아한 마리아는 여전히 손과 발을 움직이기를 싫어했고, 예수님이 마을에 오셨지만 그저 집안에 가만히 앉아 있었다. 그러나 늘 손을 먼저 움직여 사랑을 실천하기를 즐겨한 마르다는 죽은 오빠를 살리기 위해 예수님을 직접 찾아나섰고, 간구함으로 오빠를 살릴 수 있었다.

누구의 신앙이 아름다운 신앙인가?

지금 한국 그리스도인에게 요구되는 신앙은 마리아처럼 교회 안에 갇혀 말씀을 듣고 성경지식을 쌓아 머리만 비대해지는 머리로 하는 신앙이 아니라, 마르다처럼 머리로 깨닫기 전에 손으로 먼저 주님의 사랑을 실천하는 신앙이다.

손으로 하는 신앙이 한국교회와 그리스도인을 구원할 것이다.

3

교회가 주는
물은 맑습니까

모이고 흩어지는 교회
교회가 주는 물은 맑습니까
교회의 시장화, 시장의 성화
우리 목사님은 서울의 택시운전사

모이고 흩어지는 교회

목회자와 교회성장학

12월은 한해를 결산하는 달이다. 해마다 이맘때면 우리는 1년 동안 무엇을 어떻게 했는지를 뒤돌아보고 새해를 준비한다. 교회 역시 일반회사처럼 한해를 결산하고 새해를 설계한다. 그러나 많은 교회는 교회 밖으로 나간 것보다는 교회 안으로 얼마나 들어왔는지에만 관심을 갖는다. 교인 수는 얼마나 늘었으며, 헌금은 얼마나 증가했는지 그리고 교회 땅은 얼마나 구입했으며 교회건물은 얼마나 높아졌는지에 관심을 갖는다.

얼마전 어느 목회자모임에서 있었던 이야기이다. 목사 대표가 말하기를, "한해를 결산하면서 교회별로 하나님께 감사할 일이 있으면 보고해 주십시오" 하니까 맨 앞에 앉아 있던 어느 목사가 미소를 머금고 앞으로 나와 말한다.

"저희 교회는 금년에 교회 주변에 주택 두채를 새로 샀습니다. 그동안 주

차장이 없어 교인들이 큰 불편을 겪었는데 다 주님의 은혜로 해결돼 감사를 드립니다."

모든 목사가 일제히 "아멘!" 하며 박수를 친다. 그리고 그 다음으로 젊은 목사가 패기 있는 모습으로 자리에서 일어나 말한다.

"저희 교회는 금년에 새로 교회를 건축하였습니다. 건축 헌금과 교인들의 집을 담보로 대출을 받아 아름다운 하나님의 성전을 봉헌할 수 있었습니다. 하나님과 여러 동료 목사님께 진심으로 감사드립니다."

이제는 나이가 지긋하신 분이 나와서 말을 한다.

"저희 교회는 금년 추수감사절 헌금으로 이천오백만원이나 들어왔습니다. 그래서 목사관을 새로 증축할까 합니다. 이 또한 주님의 은혜입니다."

모두가 역시 고개를 끄덕이며 "아멘!" 한다.

나는 교역자들 모임이 꼭 무슨 일반회사의 간부모임과 다를 바 없다는 느낌을 받았다. 일반회사의 기업주처럼 한국교회 목회자들은 교회건물이 커지고 헌금이 많아지고 교회 수가 증가하면 주님의 은혜요, 축복의 결과로 생각한다. 그래서 너도나도 교회 키우기, 교인 수 늘리기가 목회의 주된 목적이 되었다.

한국교회와 일반기업들이 추구하는 공동목적은 기업팽창과 교회성장이다. 그래서 일반기업에서 적게 투자하여 이윤을 극대화하는 경영이론이 발전하듯이, 교회도 교회성장학과 교회경영학이 요즘 유행하는 목회이론이 되었다. 교회와 목회자들은 너도나도 새롭고 기발한 교회성장이론을 도입하여 교회의 외적 성장을 추구하는 데 모든 힘을 기울인다.

이 교회성장학의 이면에는 신앙을 소유의 과정으로 보고 남들보다 이 신앙의 소유과정에 충실하면 구원도 얻고 축복도 남들보다 배나 받을 수 있다는 생각이 숨겨져 있다. 그래서 교인들로 하여금 더 많은 축복과 더 많은 은혜와 더 많은 천국복음을 소유할 수 있도록 설교한다.

그 결과 성장한 교회는 하나님의 축복을 받은 능력있는 교회요, 성장하지 못해 여전히 달동네 판자촌 교회와 전세교회, 시골교회들은 하나님의 축복이 멀어진 교회로 취급받는다.

모이는 교회

오늘날 한국교회는 모이는 것에만 힘써왔다. 그래서 양적 성장을 가져왔지만, 교회는 세상의 놀림감이 되었다.

나는 지난 겨울에 『비전향 장기수 백서』를 발간하기 위해 갈현동 '만남의 집'에 기거하시는 장기수 다섯분과 인터뷰를 한 적이 있다. 그분들 중에 평양에서 태어나 68년에 남과 간첩선의 기관장으로 침투하다 총격전 후 체포되어 31년을 감옥에 갇혀 살다가 지난해에 출옥한 장병락 선생이 계시다. 그분이 교회를 향해 하신 말씀은 지금도 뇌리에 남아 내 마음을 울리고 있다.

"정치가 타락했듯이 교회도 타락했어요. 남쪽을 보면 십자가가 수두룩해요. 아마 인구비례로 해서 남쪽이 세계에서 교회가 가장 많을 거예요. 교회는 많은데 왜 남조선은 부패하고 타락했을까요. 왜 그런가요. 그것은 한마디로 영리를 목적으로 교회를 하기 때문이라 봅니다. 교회가 일반기업처럼 영리를 목적으로 하는 것은 타락했다는 증거입니다. 목사가 자기 이익을 추구해서는 성직자가 될 수 없어요. 물론 진짜 목사, 진짜 교회는 있습니다. 남조선에는 진짜 교회가 필요합니다."

정말 우리의 교회는 영리를 목적으로 하고 있지는 않은가. 기업이 이윤추구를 하듯 교회도 영리를 목적으로 사람이 많은 곳에 교회를 세우고, 천국 복음을 상품화하여 구원을 사고파는 장사치는 아닐런지.

흔히 모이기에만 힘쓰는 교회들이 주로 사용하는 말씀 중에 "너희는 사마리아와 땅끝까지 이르러 내 증인이 되어라"라는 말씀이 있다. 이 말씀을 현대교회는 "사마리아와 땅끝까지 이르러 내(주의) 이름으로 사람들을 교회 안으로 끌고 오라"라는 말로 착각하여 받아들였다. 즉 교회 밖에 있는 사람들을 교회 안으로 끌고 오는 것이 선교요, 그리고 그것만이 구원받을 유일한 행위라고 말이다.

본래 이 말씀은 무엇인가. "사마리아와 땅끝까지 흩어져 예수의 사랑을 실천하라"는 말씀이요, 그 이상도 그 이하도 아니다. 성경 어디에서도 주님께서 "내 이름으로 저들을 설득해서 성전으로 끌어모이게 하라"고 말씀한 적이 있는가? "서로 용서하라. 사랑하라. 감사하라. 나눠라"라고 하신 주님의 말씀은 성전 안에서 행하는 것이 아니라 성전 밖에서 그리스도인으로서 마땅히 행할 바를 말씀하신 것이다.

예수 이름만 알고 예수 이름만 전하는 한국교회

도대체 '예수'라는 이름을 알고 있는 사람하고, 예수의 정신(말씀)을 실천하는 사람 중 누가 참된 신앙인인가?

아들들 중에 아버지의 이름만을 기억하는 자와, 아버지께서 가르쳐주신

교훈을 실천하는 자 중 누가 제대로 된 자식인가? 이 세상에 예수라는 이름을 알고 있는 사람은 수없이 많다. 그러나 예수의 말씀대로 살아가는 그리스도인은 그리 많지 않다.

인천화재참사가 일어난 호프집 주인도 기독교인이요, 세상을 떠들썩하게 했던 옷로비사건의 주인공들도 모두 내노라 하는 기독교인이었다. 린다김 사건에 연루된 이들도 대부분 기독교인이다. 그들은 누구보다도 예수라는 이름을 잘 알고 있으며, 십일조와 주일성수 혹은 교리에 철저한 기독교인들이었다. 그러나 그들은 예수의 이름만 알고 있었지, 예수의 정신(말씀)을 알지도 실천하지도 않았다. 이들은 모두 모이기에만 힘써온 한국교회가 만들어낸 왜곡된 기독교인들인 것이다.

선교는 사람이 하는 것이 아니라 하나님께서 하시는 것이다. 전도지를 나눠주며 전도하는 것도 선교이지만, 그것이 선교의 전부는 아니다. 교회는 하나님의 도구요 선교의 기구에 지나지 않는다. 선교의 주체는 하나님이시지 교회가 아니기 때문이다. 그러므로 교회의 선교란 있을 수 없다. 오직 하나님의 선교만이 있을 뿐이다.

하나님의 선교란 교회만을 위한 선교, 즉 교회에 모이는 데에만 힘쓰는 선교가 아니라 하나님이 창조하신 세상 속으로, 이웃 속으로 향하는 선교, 교회에서 세상으로 흩어지는 선교이다. 교회 밖 세상 속으로 하나님이 친히 당신의 아들 예수 그리스도를 보내시고 그를 통하여 하나님의 나라와 그 사랑을 몸소 보여주신 것이 선교이다. 그러므로 교회는 말씀으로 모였다가 주님의 사랑으로 흩어져 말씀을 실천해야 하는 것이다.

오늘날 교회는 세상 속으로 흩어지는 일보다는 교회 안으로 모이는 일에만 힘써왔다. 성도들에게 신앙교육을 할 때도 세상에 나아가 사람을 전도해(끌어) 오라고만 가르쳤지, 주의 사랑을 세상 속으로 나아가 실천하라고 말하지 않는다. 또한 현대교회는 여러 헌금의 제목을 개발하여 교회의 부를 축적하고 교회건물 늘리는 일에 힘쓸 뿐, 교회의 헌금이 세상 속으로 흩어져 가난한 이들을 위한 구제사업으로 쓰여지는 일에는 별 관심이 없다.

오늘날 목회자나 교인들은 모이는 데만 혈안이 되어서 그런지 자기 교회라는 의식이 매우 강하다. 그래서 목사들은 '내 교회' 라는 생각 때문에 개인적인 욕심이 들어가게 되고 메시지가 변질된다. 심지어는 교회를 가업으로 생각해서 자식들에게 물려주기도 한다. 목회의 대를 잇는 것은 좋은 일이지만 교회를 물려주려는 자들은 진정 교회를 개인사업으로 생각하고 있음이 분명하다.

비록 교회건물은 없어도, 교인들은 세상 속으로 흩어져 성전에 남아 있는 자들이 적어도, 모든 성도가 흩어져 사랑을 실천하고 주님의 말씀을 전한다면 그 교회는 영원할 것이며 아름다울 것이다.

모이고 흩어지는 교회

교회는 무엇보다 교회 밖으로 나간 것에 관심을 가지고 한해를 결산해야 한다. 우리의 사랑은 얼마나 세상으로 나갔는가. 우리의 구제헌금은 가난한 이들에게 얼마나 전달되었으며, 우리의 교회는 얼마나 낮아지고 이웃을 섬겨왔는가 하는 것 등이 교회 결산의 주제가 돼야 한다.

우리 주님께서 우리에게 새로 주신 계명이 무엇인가?

"네 마음을 다하고 목숨을 다하고 생각을 다하고 힘을 다하여 주님이신 너의 하나님을 사랑하라. 또 둘째가는 계명은 네 이웃을 네 몸같이 사랑하라. 이 두 계명보다 더 큰 계명은 없다."(막 12:30, 31)

주님의 계명은 하나님 사랑과 이웃 사랑이다. 바로 이 말씀은 성경 66권을 함축한 말씀이다. 그러나 이 두 계명은 서로 분리되어 있지 않고 한 몸인 말씀이다. 주님께서 "너희가 여기 있는 형제 중에 가장 보잘것없는 사람 하나에게 해준 것이 바로 나에게 해준 것이다"(마 25:40)라고 말씀하신 것을 믿는다면 하나님 사랑은 이웃 사랑을 통해서 실현됨을 믿어야 할 것이다.

그렇다. 하나님 사랑이 모이는 교회의 일이라면, 이웃 사랑은 흩어지는 교회의 일이다. 그러나 이 둘은 서로 분리되지 않는 하나의 말씀이라는 사실이다. 하나님 사랑의 구체적인 표현이 이웃 사랑이기 때문이다. 그러므로 우리가 이웃을 사랑하지 않고는 하나님을 사랑할 수 없으며, 하나님을 사랑하는 자는 이웃을 사랑하지 않을 수 없는 것이다. 이웃을 사랑하지 않는 기독교인, 이웃을 위해 세상 속으로 흩어지지 않는 교회는 하나님을 입으로만 사랑하는 자이며 진정으로 하나님을 믿는 신앙인은 아니다.

주여, 주여 하는 자마다 천국에 가는 것이 아니라 하나님의 말씀으로 이웃을 사랑하는 자가 참된 신앙인이라 할 것이다.

본회퍼(D. Bonhoeffer)는 "하나님의 다른 이름은 이웃 사랑이며, 이웃 사랑은 곧 신의 행위"라고 말했다. 옳은 말이다. 우리가 이웃을 사랑하는 것은 곧 하나님을 사랑하는 것이요, 우리가 세상 속으로 흩어져 행하는 이웃 사랑은 곧 하나님께서 몸소 행하시는 거룩한 신의 행위라는 것이다.

본회퍼는 또 말한다. "예수 그리스도는 철저히 남을 위한 사람이다. 그리스도는 남(이웃)을 위한 삶 자체이며, 종이 되신 주님"이라고 말이다. 그러기에 그리스도를 믿는다는 것은 예수의 제자가 된다는 것이요, 또 예수처럼 이웃을 위한 삶을 산다는 것이다.

본회퍼의 말처럼 하나님의 존재는 어떤 관념이나 이념이나 교리가 아니라 사랑의 행동이며, 신앙은 헐값으로 받는 은총이 아니라 우리가 행함으로 얻어지는 값비싼 은총인 것이다.

하나님의 존재는 바로 예수 그리스도에게 나타난 사랑의 행동이며, 신앙은 이웃을 위한 봉사라는 본회퍼의 말은 오늘날 모이기에만 급급한 한국교회가 귀담아들어야 할 메시지인 것이다.

이제 우리의 구원은 예수의 이름을 알고 있는가, 교회에 많이 출석했는가 하는 숫자가 아니라, 내가 지금 세상 속으로 흩어져 사랑의 행위를 하고 있는가, 이웃 사랑을 실천하고 있는가에 완성된다고 할 수 있다.

초대교회는 모이고 흩어지는 교회였다.(행 8:4~7) 말씀으로 모이고 사랑으로 흩어졌다. 비록 성전은 무너지고, 동굴에서 예배를 드려도, 온갖 박해를 당해도 모이는 데 힘썼으며, 흩어져 주의 사랑을 실천하고 증거하는 것에 힘썼다. 그래서 교회가 된 것이다.

우리의 가정도 모이기에만 힘써서는 안 된다. 흩어져 각자 맡은 일을 할 뿐만 아니라 이웃과 마을공동체와 사랑의 교제를 나눠야 올바른 가정이라 할 수 있다. 우리의 삶도 자꾸 내 안으로 지식을 쌓아놓고 돈을 모으는 것도 중요하지만, 우리의 것을 세상에 나누는 것도 내 인생에 더 중요하고 가치 있는 일임을 명심해야 할 것이다.

동대문감리교회는 매주일 오후예배 때 파송예배를 드린다. 주일 대예배는 모이는 예배였지만, 오후예배는 흩어져 주님의 사랑을 몸소 실천하는 예배인 것이다. 각 선교회는 담임 목사의 파송을 받아 고아원, 양로원, 소년소녀가장, 실직자 등 어려움에 처한 이들에게 예수 사랑을 실천하는 것이 예배가 된다. 그것은 본회퍼의 말처럼 이웃 사랑이 거룩한 신의 행위이기 때문이다.

모이는 데에만 힘써온 한국교회는 이제 흩어지는 데 더 많은 관심과 실천이 있어야 할 것이다. 이 길이 한국교회가 살아남는 길이며, 주님이 원하시는 길이다.

교회는 말씀으로 모이고 사랑으로 흩어지는 주님의 몸이기 때문이다.

교회가 주는 물은 맑습니까

샘을 거룩히 여기는 산마을

깊고 깊은 산마을에 옹달샘이 하나 있다. 옹달샘은 봄마음과 같다. 꽁꽁 얼어붙은 시냇물을 녹이며 졸졸 흐르는 봄날의 개울물처럼 언제나 그만큼의 물과 그만큼의 소리로 솟아난다. 지루한 가뭄에 논과 밭이 갈라지고 푸른 하늘마저도 목말라하는 날에도 옹달샘은 가만가만 솟아나 산마을 식구들의 생명수가 된다. 가을날에 참나무 낙엽 하나가 옹달샘 위로 떨어지면, 솟아오르는 샘물이 낙엽을 들었다 놓았다 하는 것이 마치 설레는 봄처녀의 가슴과 같다.

산마을에 사는 식구들은 봄마음과 같이 언제나 포근하고 쉼 없이 솟아나는 이 옹달샘을 '하나님의 눈'이라 부른다. 산마을의 족장쯤 되는 오소리 할아버지만이 '하나님의 눈'을 볼 수 있을 뿐 어느 누구도 옹달샘에 접근할 수 없다. 산마을 식구들이 그 샘을 소중하게 여기는 것은 '하나님의 눈'을 거룩한 샘이요, 생명의 근원이라 믿고 있기 때문이다. 산마을 식구들은 옹달샘에서 흘러나와 아래 연못에 고인 물을 마시고 세수를 할 뿐, 어느 누구도 '하나님의 눈'을 보아서도 욕되게 해서도 안 된다.

옹달샘을 볼 수 없는 산마을 꼬마들은 옹달샘이 토끼 눈처럼 빨갛게 생겼을 것이라고 생각해 '토끼의 눈'이라 말하곤 한다.

산마을 식구들은 보름달이 지고 다시 보름달이 뜨는 밤에 마을에 모여, '하나님의 눈'을 향해 다음과 같은 노래를 부르며 예배를 드린다.

> 우리는 하나님의 눈물을 마시고 삽니다.
> 하나님의 눈물은 우리의 생명수입니다.
> 당신의 아픔으로 솟아난 샘물은 우리를 살립니다.
> 하나님의 눈물을 마시고 우리가 삽니다.

샘 없는 사람마을

산마을 아래 사람이 사는 마을에도 우물이 있기는 하다. 그러나 그곳에서 나오는 물은 사람이 마실 수 없는 오염된 물이다. 공장과 가정에서 흘러나오는 폐수와 논과 밭의 농약과 화학비료 등이 지하로 흘러들어가 그 물이 다시 우물로 나오기 때문이다. 사람들은 여전히 더 많은 것을 얻기 위해 우물을 오염시켰고, 그 오염된 물을 마시고 있다.

사람들은 맑은 물을 찾아 약수터로 가지만, 그 물마저 중금속에 오염되었고 점점 메말라갔다. 사람들은 오래전부터 흙바닥 위에 시멘트를 덮어 자동차를 빠르게 달리도록 했고, 그 위에 커다란 빌딩을 지어 흙에서 멀어졌다. 지금은 산마을 가까이까지 찻길을 넓혀 샘을 하나둘 없애면서 오직 자동차를 위한 삶을 살고 있다.

　사람들은 이렇게 흙 속에서 솟아나는 모든 샘의 숨구멍을 시멘트로 막아 버리고 있지만, 샘물이 메마르는 것에는 별로 관심이 없다. 그리고 옛날에 있던 우물이 지금 없어진 것에도 깊이 생각하지 않는다. 그들은 흐르는 강물이 있으며, 여름이면 많은 비가 내리고, 언제나 냉장고에는 시원한 음료 가득하다고 생각하기 때문이다.

　사람들은 목이 마르면 돈을 주고 물을 사 마신다. 자기 나라 물이 오염되면, 멀리 외국에서 물을 수입해 마신다. 사람들은 여전히 냉장고에서 콜라, 사이다 같은 청량음료를 꺼내 들고 자동차를 타고 시멘트 위를 내달린다.

　교회가 주는 물은 맑습니까?
　영혼의 갈증을 풀어주겠노라 외치는 교회들도 도시의 빌딩보다 더 높은 성전을 짓고, 전능하신 하나님께서 더 좋은 자동차를 타고 더 큰 집에서 살도록 그대들에게 은총을 주실 것이라 설교하며 그리고 어떻게 하면 냉장고에서 더 시원한 음료를 꺼내 마실 수 있을까를 위해 기도하라 가르친다.

　현대교회는 하나님의 은총을 봄나무처럼 언제나 싱그러우며, 옹달샘처럼 자기 것을 내어주는 사랑과 나눔으로 표현하는 것이 아니라, 더 많은 것을 얻고 채우는 것으로 나타난다고 설교한다. 예수의 사랑은 오직 물질적인 가치로 평가된다고 말한다. 그래서 교회도 건물의 크기에 따라 성도들이 모이고 성공을 위하여 교회 출석을 한다.

　오늘날 교회가 주는 물은 맑은가? 교회도 많고 유명한 설교자도 많지만 그 많은 물 중에 우리 영혼의 갈증을 시원하게 해결해 줄 생명수는 그리 많지 않다. 이 물들은 수도꼭지를 틀면 쏟아지는 수돗물처럼 어디를 가도 마실 수 있는 흔하디 흔한 물이 되어 버렸고 달콤한 음료수처럼 우리의 혀끝만 만족시킬 뿐이다.

샘을 찾아서

어느덧 사람들은 '하나님의 눈'이 있는 산마을 가까이에 기계를 동원해 환상의 '레저 타운'을 지으려 한다. 교회는 이것을 하나님의 뜻이며 은총이라 축복한다.

사람마을에는 샘이 하나도 없다. 모두가 막혀 있으며, 또 샘을 잃어버렸기 때문이다. 그러나 산마을 오소리 할아버지처럼 샘을 지키고, 샘을 '하나님의 눈'처럼 소중하게 하려는 이가 하나둘 생기기 시작했다. 사람들도 산마을 식구들처럼 '하나님의 눈물'인 생명수를 마시고 살면 몸과 영혼이 맑아져 싸움도 분쟁도 욕심도 없이 평화스러운 마을을 이루고 살 수 있으리라는 믿음을 지니게 되었다.

그들은 오염된 물줄기를 거슬러 강줄기를 찾고 다시 개울을 찾고 연못을 찾아 산마을에 있는 '하나님의 눈'이 있는 곳까지 가고자 했다. 그러나 모든 물줄기는 시멘트로 덮여 있고, 산마을 입구는 공사 간부들이 막고 기계 소리가 가득해 '하나님의 눈'을 찾을 수가 없다.

그들 중 환경운동가들은 개발을 중단할 것을 온몸으로 저항했고, 영혼의 생수를 갈망하던 영성주의자는 산마을 식구들처럼 '하나님의 눈'을 향해 예배를 드렸다. 자연주의자들은 자동차를 거부했고, 시멘트를 벗겨낼 것을 요구했으며, 막힌 샘들을 찾아낼 것을 정부에 건의했다. 몇몇 개인적인 영성주의자들은 수도승이 되어 일생을 '하나님의 눈'을 찾아 순례의 길을 떠났다. 그들은 마음의 샘, 영혼의 샘을 찾아 떠난 것이다.

영혼의 샘을 찾아서 — 네 영혼의 깊은 샘에서 생수를 마시라

그러나 우리가 찾아야 할 '하나님의 눈'은 내 안에 있었다. 우리는 지금까지 우리 영혼의 갈증을 풀어줄 생수를 밖에서 찾아헤맸다. 산과 들로 그리고 유명한 설교자들과 부흥집회로 영혼의 샘을 찾아헤맸다. 그러나 그 모든 집회나 설교는 하나님께서 내 영혼 속에 태초부터 마련해 주신 내 마음의 샘을 다시 발견하도록 도와주는 과정이지 그 집회가 생수 자체는 아니다.

모든 사람의 마음에는 신비한 영혼의 샘이 있다. 영원한 주님께서 생수가 되시어 우리 마음의 샘에서 조용히 솟아나는 것이다. 예수께서 사마리아 지방의 시카르라는 동네에 있는 야곱의 우물에서 물을 길러온 여인에게 다음과 같이 말씀하셨다.

> "이 우물물을 마시는 사람은 다시 목마르겠지만 내가 주는 물을 마시는 사람은 영원히 목마르지 않을 것이다. 내가 주는 물은 '그 사람 속에서' 샘물처럼 솟아 올라 영원히 살게 할 것이다."(요 4:13, 14)

이 사마리아 여인이 마시고 나면 다시 목마르는 그 야곱의 물을 구하려고 날마다 물 긷는 수고를 반복하고 있듯이 오늘날 신앙인들은 자기 밖에서 생수를 얻으려 헤매고 있다. 영원히 목마르지 않는 생수가 '내 안에서' 이미 샘물처럼 솟아오르고 있는데, 우리는 자신의 영혼의 샘을 찾지 않고 그저

야곱의 우물가만 오갈 뿐이다.

우리 주 예수 그리스도는 우리 영혼의 깊은 샘에 스스로 솟아나는 생수이시다. 우리 영혼이 더럽고 타락해 탐욕과 이기심, 불신과 무관심, 물질숭배와 이기주의, 편리와 안락이라는 온갖 쓰레기 같은 마음으로 영혼의 샘을 막아 우리 안에 계신 주님을 볼 수 없을 뿐, 주님은 이미 우리 영혼의 샘에 오셔서 봄바람처럼 소리없이 솟아나고 계시다.

이제 우리가 해야 할 일은 잃어버린 영혼의 샘을 찾는 일이다. 영혼의 샘을 덮고 있는 마음의 더러운 찌꺼기들, 자연을 버린 문명의 때를 벗겨내는 일이다. 이제 영혼의 샘에 낀 오물덩이를 하나씩 걷어내고, 오염된 물을 조심조심 퍼내고 조용히 기다리자. 마음의 샘에 생수가 솟아날 때까지 기다려야 한다. 거친 마음의 파도가 잠잠해지고, 무엇이든지 채우려는 욕심의 때를 벗겨내고 영혼의 샘 수면이 고요해지면 우리 안에 이미 와 계신 우리 주님 그리스도 예수의 얼굴이 환하게 비춰지고, 우리 목마른 영혼은 영원히 마르지 않는 생수를 마시게 될 것이다.

우리의 신앙과 영혼이 내 안에 계신 주님을 밝히 보아 아무것도 없는 봄나무에서 새순이 돋고 봄꽃이 피어나듯 언제나 싱그럽고 푸르고 맑고 아름다운 신앙의 계절을 맛보길 소망한다. 그래서 언 땅을 뚫고 파란 새싹이 돋아나고 아지랑이 피어나는 봄님처럼 생기 가득하여 우리의 마음이 항상 하나님을 품고 살아가는 신앙인이 되기를 기원한다.

옹달샘

깊고 깊은 산속에 옹달샘

이른 아침 산토끼 찾아와
물 한모금 마시면
물 한모금 솟아나지요
자신을 자꾸만 내어주어야
살아나는 옹달샘
옹달샘은 하늘샘인가봐

교회의 시장화, 시장의 성화

시장골목에 들어선 교회

내가 처음으로 목회를 시작한 교회는 신림동에 있는 한생명교회이다. 한생명교회가 처음에는 신대방길에서 신림 사거리로 가는 도로변에 위치해 있었다. 교회가 도로변에 있을 때에는 찻소리, 전철소리 때문에 기도하고 예배를 드릴 때면 마음에 먼지가 낀 것같아 편치 않았다. 그래도 아득히 보이는 관악산 자락이 시끄럽기만한 도시의 삶을 위로해 주어 견딜만했다.

도로변 한생명교회에서 그래도 햇수로 4년을 지내왔으니 정이 들대로 들었었다. 19평짜리 조그마한 교회건물 안에서 예배도 드리고, 성경공부도 하고, 단소도 배우고, 잠도 자고, 밥도 해먹고, 공부도 하고, 이런저런 고민으로 잠을 이루지 못한 날도 많았다. 둥근 달을 보며 하나님은 지금 무슨 생각을 하실까. 잠 못이루고 눈물짓는 가엾은 나 같은 놈도 가끔은 생각해 주실까? 아니면 큰 교회 문제로 나 같은 새끼 목사는 안중에 없으신 것은 아닐까?

무섭게 질주하는 자동차소리에 귀를 막고, 몸을 웅크리며 두려움에 떨기도 했으며, 추운 겨울 전기장판에 담요를 두세장씩 덮고 잠을 자도 입 안에서는 하얀 김이 달빛에 먼지처럼 비춰지는 모습에 괜한 눈물이 고이기도 했다.

때론 예배의 처소요, 편안한 안식처요, 때론 나를 가두어두는 감옥이요, 철망이기도 한 도로변 교회. ……지난 세월 동안 나와 한생명교회 식구들을 돌보아주던 교회건물에서 이제 신림4동 시장 입구로 교회건물을 옮겨 왔다. 지상이 아닌 땅 아래 지하실로 말이다.

이사와서 지난 몇 개월 동안은 '습기와의 전쟁'을 선포하고 습기를 제거하기 위해 싸워야 했다. 양수기와 통풍기를 24시간 가동을 하고, '물먹는 하마'를 구석구석 배치해도 지난 장마철에는 책에서 푸른 곰팡이꽃이 피어났고, 벽에 걸린 시계, 책장, 커튼 등이 모두 곰팡이에 점령당하고 말았다. 그러나 무엇보다도 청명한 자태를 뽐내던 '蘭'들이 시들시들 잎을 비틀며 말라가는 것이 가장 가슴 아팠다. 햇볕과 관악산 정기를 받고 고운 잎으로 유혹하던 蘭들은 하나같이 칙칙한 지하에서 끙끙 앓고 있었다.

그러나 이제는 교회 지하실로 내려가는 계단 입구에 蘭들이 옛 모습을 찾아 일렬로 얌전히 앉아 있는 모습이 그저 대견스러울 뿐이다. 교회 안에서 날뛰던 습기도 잡고, 예쁜 커튼과 한지로 제단과 교회 내부를 장식하고 단장하니 교회가 예쁘고 깨끗해졌다.

그런 지하 교회건물을 나와 시장 어귀에 서면 자동차소리, 전철소리 대신에 사람소리로 시끌벅적하다.

"아줌마! 콩나물 좀 주세요."

"좀더 주세요."

"떨이예요."

"이 자반은 얼마예요?"

"무와 시금치, 그리고 당근 좀 주세요. 우리 애들이 내일 소풍가거든요."

"아, 그래요. 그럼 이거 하나 더 드릴게요."

그러나 이런 소리들이 싫지는 않다. 가끔 그 소리 중에 우리 어머니 목소리도 들리는 것 같고, 우리 아버지, 누나 그리고 이웃집 아주머니 목소리도 들려오는 것 같아 좋다. 시장골목을 거닐며 그들의 손을 잡아보고 싶고 말도 걸어보고 싶다. 그래서 시장골목에 서면 괜히 마음이 어린아이처럼 설렌다.

한국교회, 시장화의 길

신림4동 시장은 '골목시장' 이라고 한다. 마을 골목에 자리잡고 있어서 상인들이 그렇게 부르는 모양이다. 약 200미터 정도 거리에 형성된 시장은 말 그대로 없는 것 빼고 다 있는 커다란 시장이다. 나는 가끔 시장거리를 어슬렁 거닐어본다. 사실 교회 지하실에 있는 시간보다 시장 구경을 나가는 시간이 더 많다. 집에서 해먹을 찬거리를 사기도 하고, 과일이며 빵이며 꽃도 산다.

그리고 가끔은 시장에서 우리 교회를 바라본다. 시장에서 교회를 한참 동안 바라보노라면, '우리 교회도 이 시장 안에 있는 생선가게, 야채가게, 만두가게, 과일가게와 같은 하나의 가게가 아닌가? 교회가게? 예수가게? 축복가게?' 이런 생각에 잠겨 있다가 생선가게쯤에 이르러 갑자기 얼마전 우리 교회에서 500미터 떨어진 이웃교회 전도사님의 한숨섞인 넋두리가 생각이 났다.

"나 원 참! 2년 전, 우리 교회가 처음 들어올 때에 이 골목에는 교회 하나 없더니만, 이제는 교회가 벌써 열개나 들어섰어요, 열개나. 이거 그만두든지 어쩌든지 해야지, 원!"

영락없이 우리 교회도 과일가게나, 야채가게, 생선가게와 다를 바 없는 시장의 가게인 모양이다. 사람이 모이는 곳 어디에나 교회를 세워 여러 가지 상품을 만들어놓고 그들을 유혹하는 가게! 천당이나 지옥, 축복이나 구원 등 상품을 진열해 놓고 좌판을 벌여놓은 가게!

시장을 거닐며 우리 교회를 바라본다. 이렇다 할 상품 하나 장만해 놓지 못해 아직 간판도 달지 못하고 있는 한생명교회……. 어떻게 교회 장사를 해야 할까 고민만 하는 가엾은 가게, 여기 이 사람들의 구미를 당길 만한 기발한 상품을 개발해 저들을 끌어모아야 할 텐데, 저들을 유혹할 만한 화려하고 값비싼 물건들을 장만해 놓고 우리도 큰 교회들처럼 장사 한번 잘해봐야 할 텐데, 화려한 전도지를 만들어 시장에 뿌리고, 전철 입구에 뿌리고, 큰 교회 앞에도 뿌려 저들에게 좋은 상품이 여기에 있노라 알려야 할 텐데……. 아직 붉은 네온의 십자가는커녕 교회 간판 하나 떳떳이 달지 못한 가엾은 우리 교회!

우리 동네 신림동의 4층 건물인 어느 교회는 총동원주일을 맞이하여 인기 연예인 초청의 밤을 열더니, 그 다음주에는 곧바로 '전도특공대'를 조직하여 시장 이곳저곳을 누비며 교회 홍보에 열을 올렸다. 그리고 몇 달 뒤에 교인이 증가했다고 장로들이 목사님 자동차를 새 것으로 바꿔주고, 강원도 어느 곳에 땅을 사서 자기들만의 아늑한 기도원을 짓는다는 소식이 들려왔다.

아직 우리는 이곳에 이사온 지 5개월이 지났어도 시장 사람들에게 "저 건물 밑에 교회가 새로 들어왔습니다. 한번 오시지요"라고 말 한마디 못했다.

얼마전에 고향에 가 고모부를 뵌 적이 있다. 교회에 다니지는 않지만 서울에서 고생하는 조카를 위로할 모양으로, 고모부는 나에게 다음과 같이 말씀하셨다.

"얘야! 교회도 길목이 좋아야 한단다. 너무 상심할 필요없단다. 우리나라에서 그래도 비전이 있는 것은 교회사업이니까. 조금만 견디면 너도 자기 건물이 있는 큰 교회의 목사가 될 수 있을 게다. 힘내거라."

성전 뜰 앞에 좌판을 벌여놓은 한국교회

시장에서 바라본 교회는 교회가 아니라 장사하는 상점으로 보인다. 예수님 때에도 교회는 시장 같았다. 성전 뜰 앞에 좌판을 벌여놓고 비둘기며, 옷이며, 빵이며, 생선이며 내다놓고 장사를 했다. 교회에서 하는 장사라는 것이 어찌 비둘기 같은 물건뿐이겠는가. 중세에는 천당이나 구원도 돈 주고 살 수 있었다. 근대에 들어와서는 산업혁명의 도움으로 교회는 축복이나 구원을 자본과 일치시켰으며, 자본주의가 주는 성장과 풍요를 하나님의 은총으로 바꿔놓고 교회 앞 시장에 내놓아 팔았다. 자본주의 세계관에 길들여진 현대인들은 쉽게 교회가 개발한 상품을 자신이 가지고 있는 자본과 맞바꾸고, 교회는 그들이 낸 자본으로 지상의 왕국을 건설한 것이다.

어느덧 주님은 자본주의의 주님이 되었으며, 하나님 말씀은 자본주의의 논리로 설명되어야 했으며, 그것으로 설명되지 않는 말씀은 그들에게 불필요한 것이 되어 버렸다.

현대교회는 교인들에게 적당한 위안과 천국을 보장해 주고 그들에게서 받은 헌금으로 건물을 높이고 확장한다. 저들은 이미 교회뜰뿐만 아니라 십자가가 있는 제단까지 품질 좋은 상품들을 걸어놓고 장사를 하기 시작했다. 예수님께서 내어놓은 것은 십자가요, 나눔이요, 버림이요, 비움이요, 겸손이지만 저들이 내어놓은 상품은 채움이요, 독점이요, 안락이요, 풍요요, 독선이요, 오만이다.

현대교회는 이미 시장화되었다. 현대교회의 장사꾼들은 교인들이 아니라 성직을 한다는 사람들이다. 아직 한국교회 성도들은 선량하며 순수한 신앙의 소유자이지만 교회지도자들은 장사꾼이요, 모리배요, 자본가들이다. 기발한 상품을 개발하여 교인들을 이용하여 예수와 구원을 내다 판다.

현대교회의 성직자라는 사람들은 수십평의 대형 아파트와 재벌 총수들이 타고 다니는 고급 외제차를 타고 다니며 자본이 주는 쾌감을 만끽한다. 양 없이는 목자도 없다. 목자는 양을 위해 존재한다. 그러나 목자라는 사람들은 오직 양은 목자를 위해서만 존재한다고 가르치고 있다.

예수님께서 화를 내셨다.

하나님의 거룩한 집이 장사꾼들의 모략과 음모와 독점이 가득한 상점으로 전락한 것을 보시고, 주님의 눈에서는 불빛이 뿜어나고 두 주먹에는 분노의 힘이 솟아났다. 주님은 성전 뜰 안으로 들어가셔서 자신의 몸을 자본주의의 옷으로 갈아입히고, 말씀을 왜곡한 저 장사꾼들을 몰아내기 위해 그들이 벌여놓은 상품 진열대를 모두 뒤엎으셨다.

시무언是無言 이용도 목사는 시장화한 현대교회와 장사꾼이 된 현대교회 목사들에게 이렇게 외친다.

> 예수는 죽이고 그 옷만 나누는 현대교회여! 예수의 피도 버리고 살도 버리고 그 형식과 의식만 취하고 양양자득하는 현대교회 무리여! 현대교인은 괴이한 예수를 요구하며 현대목사는 괴이한 예수를 전한다. 참 예수가 오시면 피살될 수밖에 없다. 참 예수는 저희들이 죽여버리고 말았구나. 그리고 저의 요구대로 마귀를 예수와 같이 가장하여 선전하는구나. 화있을진저 현대교회여! 저희의 요구하는 예수는 육의 예수, 부의 예수, 高의 예수였고, 예수의 예수는 영의 예수, 천의 예수, 貧의 예수, 비의 예수니라.
> 예수를 요구하느냐. 하나님의 아들 예수를 찾으라. 사람의 예수, 너희가 만들어 세운 예수말고! 예수를 갖다가 너희 마음에 맞게 할 것이 아니라, 너를 갖다가 예수에게 맞게 하라. 신앙이나 사랑이란 내용은 하나도 없고 껍데기와 기관과 조직만 남아가지고서는 이것이 예수교회라고 전해서 남의 귀한 심령을 해하고 망치고 죽여버리는 것이 현대교회가 아닌가. 벽돌로 담을 쌓고 울긋불긋 장식을 해놓은 것, 이것이 교회는 아니다. 이 예배당을 다 불질러버리고 잿더미 위에서라도 몸과 마음을 바쳐 참된 예배를 드려야 그것이 교회올시다.

이 말씀은 오늘 한국교회를 향해 외치는 주님의 말씀으로 들리는 듯하다.

장바구니에 '예수'를 담고

내가 있어야 할 교회, 우리가 주님을 모셔야 할 교회는 내가 지금 서 있는 이곳인지 모른다. 어쩌면 하나님은 당신의 백성들이 땀흘려 살아가는 이 시장, 사랑과 인정이 넘치는 이 시장에 계신지도 모른다. 어쩌면 우리 한생명교회는 이 건물이 아니라 시장사람들의 소리로 시끌벅적한 이 골목시장인지도 모른다.

교회건물에서 느낄 수 없는 시장골목의 따스함이 온몸에 스며들고, 사람들 입가에서 흘러나오는 따스한 기운과 생명의 기운이 느껴지는 이 시장 한 가운데에서 교회건물 안에서 보지 못하던 주님을 만날 수 있을 것만 같다.

시장의 성화!

따스한 삶, 생명을 중요시하는 영성이 살아 있는 시장은 거룩하다. 나눔, 분배, 신뢰, 여유, 땀, 생명가치 등이 살아 있는 시장은 우리의 신명난 삶의 터전이다. 사람과 사람, 자연과 사람이 서로 생명가치로 관계를 맺고, 자연에서 사람으로 다시 사람에서 자연으로 순환하는 생명과정이 쉼 없이 되풀이되는 시장은 거룩하다. 이 시장에서 하나님의 선량한 백성들은 장바구니에 생명을 담고, 예수를 담아 각자의 집으로 돌아가 식구들과 함께 생명을 나눈다. 시장의 성화는 곧 집의 성화를 가져오고 사람의 성화를 이룬다.

> 골목시장 200미터
> 비단길 열렸다
>
> 콩나물 파는
> 할머니 손바닥에도
> 비단길 깔렸다
>
> 생선장수
> 용칠이 앞치마에는
> 비단무늬 간질엄친다
>
> 장바구니 그득
> 너의 땀을 담고
> 나의 땀을 주마

골목길 아낙들
장바구니에
예수,
한줌씩 담아가는구나.

우리 목사님은 서울의 택시운전사

 목사가 택시운전을 한다고?

내가 지금 섬기고 있는 교회는 서울 대림2동에 자리잡은 조그만 교회이다. 어린이를 포함해서 모두 40여명. 나에게 가족공동체라는 의미를 처음으로 알게 해준 교회이다. 작은 교회가 아름답다는 신념을 심어준 고마운 교회이다. 그러니 나는 대림동에 있는 이 아름다운 교회로 나를 인도해 주신 하나님께 감사드린다. 그리고 김철원 목사와 교우들에게도…….

2년 전에 한생명교회와 지금 생명문교회가 서로 한몸이 되어 한 교회가 되었다. 생명문교회 김철원 목사는 신학교 3년 선배로 내게 많은 깨달음을 주었다. 그는 내가 생명문교회에 온 지 1년 6개월이 된, 어느날 나에게 아주 심각하게 말했다.

"채목사, 꽤 오랫동안 기도해 온 건데, 이 일을 꼭 해보고 싶어."

"무슨 일인데요."

"채목사 도움 없이는 불가능한 일이야. 해줄 수 있지?"

"알았어요. 어서 말씀해 보세요."

"꼭 해줄 수 있지?"

선배 목사는 아이처럼 조르듯 말했다.

"알았다니까요."

"나에게 일년 동안 안식년을 주었으면 해."

"안식년이요?"

"그래, 교인 40명 모이는 조그만 교회에서 안식년이라면 남들이 웃겠지만, 내가 목회한 지 올해로 꼭 15년 되는데, 못할 것도 없지."

"그럼, 안식년 동안 무슨 일을 하고 싶은데요?"

"일반적으로 목사들은 안식년을 얻으면 공부한다는 핑계로 미국이다 유럽이다 하며 해외로 가서 여행하다가 오는데, 나는 말야 노동을 하고 싶어. 육체노동을 말이야."

"예? 육체노동을요?"

"그래, 채목사야 농촌에서 태어났으니, 안 해본 일이 없겠지만, 목사 아들로 태어난 나는 땀흘리는 일을 해본 적이 없거든. 땀흘리는 노동의 경험 없이 매일 노동으로 하루하루를 살아가는 우리 교회 교인들에게 제대로 설교를 할 수 없다는 생각이 들었거든."

"그럼, 무슨 일을 하고 싶은데요?"

"내가 서울에서 할 수 있는 일이 뭐가 있을까, 곰곰이 생각해 보니까 말이야. 아무래도 택시운전밖에 없는 것 같아. 신학교 나와 교회에서만 산 사람이 무슨 기술이 있겠어. 운전밖에 할 게 없더라고. 그래서 택시운전을 하고 싶어."

이런! 목사가 택시운전을 한다고? 그것도 서울 한복판에서? 목사는 설교하고 심방 가고 기도하는 것이 전부라 생각했는데, 택시운전을 하겠다고? 이것은 보통 일이 아니었다. 모두 교회로 들어가 교회 안에서 일하는 것이 목사의 일이요, 교회 밖에서 하는 일은 하나님의 일이 아니라고 불순하게 생각하는데, 김철원 목사는 목사가 교회 밖으로 나가서 교회와는 상관없는 일을 한다고 한다.

이것은 신선한 충격이었다.

"아, 그래요. 그럼 제가 어떻게 도와드리면 되지요."

나는 선배 목사를 어떻게든 도와주고 싶었다.

"지금까지 공동으로 해오던 목회를 채목사가 모두 맡아서 해줘."

"그럼, 언제부터 하려고요?"

"이 달에는 우선 택시운전자격증을 취득하고, 다음달 초부터 할 수 있을 거야."

목사님은 왜 서울의 택시운전사가 되셨나요?

1999년 10월 1일, 오늘은 김철원 목사가 처음으로 택시운전을 하는 날이다. 나는 새벽 4시에 일어나 그의 첫 운전에 힘을 모아주기 위해 대림동에 있는 세창운수로 향했다.

구로구청 옆에 있는 세창운수에 도착하니, 김목사는 이미 멋있는 하늘색 회사 유니폼을 입고 나를 기다리고 있었다. 나는 택시 안에서 그의 손을 잡고 간절하게 기도했다.

"하나님, 목사가 교회 밖으로 나와 택시운전을 합니다. 이 일을 통해 하나님을 만나게 해주시옵소서. 그리고 안전운전하게 하시고, 돈도 많이 벌게 해주시옵소서. 아멘."

그리고 나는 영광스럽게도 첫 손님이 되어 김목사의 첫 운전을 축하해 주었다. 처음 핸들을 잡은 그는 어딘지 모르게 불안해 보였다. 운전에는 자신 있는 그였지만, 택시운전이라는 색다른 환경에 적응하려고 부단히 애쓰는 듯 했다. 나는 우리 교회 이승원 전도사가 사는 서울대입구까지 함께 동승하면서, 회사 납입금(6만 8천원)은 걱정하지 말고 오늘은 안전운전하면서 분위기를 익히라고 당부하면서 택시요금으로 거금 2만원을 주었다. 내 생애 가장 비싼 택시를 탄 것이다.

아직 해가 뜨지 않은 이른 아침, 교회의 붉은 네온사인이 빛나고 교회마다 새벽예배가 한창인데 우리 목사님, 김철원 목사는 왜 서울의 택시운전사가 되었을까?

목사는 모름지기 제단을 지켜야 하고, 길 잃어 방황하는 양들을 돌보아야 할 책임과 의무가 있는데, 우리 목사님, 김철원 목사는 왜 서울의 택시운전사가 되었을까?

교회 밖으로 나간 목사님

사람들은 목사를 평가할 때, 교회건물의 크기나 교인 숫자로 평가한다. 교인이 많아 건물이 큰 교회의 목사는 능력 있고 신령한 종이다.

그래서 목사는 교회 안에만 관심을 갖지 교회 밖에는 별 관심이 없다. 어떻게 하면 설교를 잘해서 교회를 부흥시킬까, 어느 지역에 교회를 세워야 부흥할까, 어떤 엠프를 써야 설교가 잘 전달될까 그리고 교회 건축은 어떻게 추진할까……. 이런 것에 많은 관심을 갖는다.

하지만 진정한 주의 종은 성전 안에 갇혀 있는 자가 아니다. 주님처럼 성전 밖으로 나아가 성도들의 삶 속에서 성육신하는 자이다. 교회건물의 크기는 중요하지 않다. 아니 교회건물이 없어도 상관없다. 다만 주님의 말씀이 성도들의 삶 속에서 살아나도록 주의 종이 그 노릇을 어떻게 하느냐 하는 것이 더 중요하다.

우리 주님, 그리스도는 하늘의 보좌를 버리고 이 낮고 천한 인간세상에 성육신하셨다. 영광된 보좌를 버리고, 하늘의 빛나는 보좌를 버리고 왜 죄 많은 인간세상에 내려와 고초를 겪고 마침내 십자가에 달려 돌아가셨을까? 그저 하늘 보좌에 앉아 하늘 영광 바라보며 계시면 될 터인데 왜 눈물 많고, 고통 속에 신음하는 이 인간세상에 내려와 그가 친히 고통을 겪으셨을까?

주님께서 하늘 보좌에 앉아 그저 고난당하는 우리를 내려다보고만 계셨다면, 그분은 우리의 구원자가 될 수 없었을 것이다. 그가 친히 사람의 몸으로 오셔서 우리와 함께 더불어 사셨으며, 우리 사람과 똑같은 고난과 고통을 겪으신 분이기에 예수님은 우리의 구세주가 될 수 있었다.

김철원 목사는 그것을 일찍이 깨달은 것이다. 7~80년대 신학교 시절, 좀 더 좋은 세상을 꿈꾸다가 2년여 동안 감옥에 갇히기도 했고, 신학교 졸업 후에는 봉천동 달동네의 희망교회에서 목회하며 도시 변두리로 내몰린 어린 아이들에게 그리스도의 희망을 주고자 했다. 그는 언제나 성도들의 삶 속으로 목사가 들어가지 않으면 허공을 맴도는 공허한 설교가 되고, 성도들의 그 애절하고 힘겨운 노동의 현장 속에 서보지 않으면, 목사의 기도는 허무

맹랑한 꿈에 지나지 않는다는 것을 알았다.

히브리서 13장 12절 이하에 "우리 주님 예수는 피로써 백성을 거룩하게 하려고 성문 밖에서 고난을 받으셨으니 우리도 그의 치욕을 짊어지고 성문 밖 그에게 나아가자"고 말씀하고 있다.

우리 주님은 교회 안에만 계신 것이 아니라 교회 밖에도 계시다. 교회 안에만 계신 주님은 욕심 많은 기독교인들이 만들어낸 주님이다. 주님은 기독교인들의 소유의 대상이 아니다. 성문 밖에 나아가 고난받는 백성들과 함께 그 자신이 친히 고난받으시는 분이시다.

성경 어디에도 주님이 성전을 정화하신 기록은 있어도 성전 안으로 들어가 성전에 머무르셨다는 기록은 없다. 성전에서 하나님의 말씀을 가르치신 적은 있지만, 예수님은 대부분 하나님의 말씀을 성전이 아니라 산과 들, 사람이 사는 마을에서 선포하셨다. 제자들을 모으신 곳도 성전이 아니라 갈릴리 바닷가였고 사람이 사는 마을이었다. 기적을 행하신 곳도 성전이 아니라 당신의 백성이 사는 마을이었다. 그리고 당신이 고난을 받으신 곳도 성전이 아니라 골고다 언덕이었으며, 부활하시어 당신의 모습을 보여주신 곳도 성전이 아니라 엠마오로 가는 길이었다.

성전 안에 갇힌 목사, 성문 밖에 계신 예수님

우리 주님 그리스도는 성전 안에 갇혀 계시지 않을 뿐만 아니라, 성전의 건물을 높이고 넓히는 데 관심을 갖는 분이 아니다. 오히려 주님은 그런 성전을 보면 허물어버리라고 화를 내셨다. 우리 주님은 성문 밖, 사랑하는 당신의 백성들이 힘겹고 고달프게 살아가는 성문 밖에서 머물면서 그들의 恨

의 소리를 들으시고, 그들의 병을 고쳐주시고, 그들의 눈물을 닦아주시고, 마침내 십자가에 달려 죽으심으로 우리에게 부활의 소망을 보여주셨다.

목사는 성도들의 삶 속으로 들어가 그들의 소리를 들을 줄 아는 자가 되어야 한다. 대부분의 많은 목회자가 성문을 높이 쌓고 교회건물을 더 올리고 교회 안에서의 축복과 영광을 설교하며 교회 안에서의 구원을 말하지만, 참된 목회자는 성문 밖에서 구원을 말하며, 성문 밖에서 하늘나라의 소망을 바라보며, 성전 밖에서 하나님의 말씀을 몸소 실천하는 자이다.

주님이 성전을 부정하신 것은 아니다. 성전을 통하여 교우들이 모이고, 성전에서 하나님 말씀을 배우고 고백한다. 그러나 성전 안에서 고백한 하나님의 말씀을 성문 밖에서 실천하고 살아가고 있느냐 하는 것이 문제이다. 그러기에 신앙의 중심은 성전이 아니라 성전 밖이 되어야 한다. 중요한 것은 성전의 높고 낮음이나 성전 안에서의 기적이 아니라 성전 밖에서의 그리스도인의 삶이 우리의 구원을 결정한다는 사실이다.

7~80년대 수원역 근처에서 노점상들과 함께 친히 과일장사를 하며 그들을 위한 목회를 하시던 어느 목사님, 아현동에서 창녀들을 위해 창녀목회를 하시던 김명희 목사님, 청량리 굴레방다리에서 거렁뱅이와 행려병자를 위해 목회하는 밥퍼 목사님, 인천에서 자식에게 버림받은 노인들을 위해 목회하시는 김광옥 목사님, 농촌마을에서 친히 농부로 뿌리를 내려 평생을 목회하시는 정주목회자님들.

이제 서울의 택시운전사가 된 김철원 목사는 성문 밖에서 미싱을 돌리는 김연숙 집사님, 물장수 박진수 집사님, 전기기술자 변재욱 집사님, 식당에서 일하는 송기매 집사님 · 홍순이 집사님, 귀농한 채대숙 집사님 등 우리

교인들을 교회 밖에서 만나 마음껏 주님의 말씀을 펼칠 것이다.

뿐만 아니라 그의 택시에 타는 수없이 많은 사람의 애틋한 삶의 이야기도 만날 것이며, 그들의 소망과 꿈도 만날 것이다. 김철원 목사는 이제야 비로소 교회에서 느끼지 못하던 하나님의 은총을 이 거리에서, 택시 안에서 맛보게 될 것이다.

4

목회는 예술이다

목회는 예술이다
우리 가락 우리 찬송
조국산천을 순례하는 신앙인
이 세상에 소풍 온 사람아

목회는 예술이다
― 21세기를 여는 문화, 예술목회론

목회는 사업?

목회를 무엇이라 말할 수 있을까? 무겁고 딱딱한 신학적 이론은 접어두고, 일선 목회자들이 흔히 생각하는 목회를 말한다면 무엇이라 말할 수 있을까? 목회자들이 서로 안부를 묻는 인사말 중에 가장 많이 쓰는 것은 아마도 "목회, 잘되십니까"일 것이다. 이 말이 담고 있는 의미는 '교인은 많이 늘었느냐' '교회는 많이 부흥했느냐' 는 동역자로서의 염려도 포함되어 있다.

목회자 세계에서 목회의 성공 여부를 교회 크기로 평가하는 것이 대부분이다. 미자립 개척교회에서 건물이 있는 큰 교회로 성장한 목회는 성공한 목회로 평가받는다. 그러니 이제 목회를 막 시작하려는 사람들은, 노인만 몇몇 남아 있는 농촌이나 어촌의 작은 마을에는 별로 관심이 없다. 오직 사람이 많이 사는 아파트 단지나, 신도시를 목회지로 선정하여 은행 융자를 받거나 혹은 교인들의 헌금으로 땅을 사고, 교회건물을 짓는다. 가만히 생각해 보면, 우리의 목회라는 것도 슈퍼마켓을 막 시작하려는 사람과 크게 다를 바가 없다. 여기에 목회철학이나 사명보다는 '사업철학' 만이 있을 뿐이다.

그래서 그런지 목회자들이나 교인들이 기도할 때, '하나님 아버지, 목회사업 잘되게 해주시고, 선교사업 잘되게 해주시고, 교육사업 잘되게 해주시옵소서' 라고 기도하는 소리를 들어보면, 하나님은 분명 사업가의 총회장 쯤 되시는 것 같다.

교회를 사업으로 본다면, 목회 일선에 있는 사람으로서 솔직히 말하자면, 요즘 목회사업이 불경기이다. 정말 안 된다. 손님도 없고, 있는 손님은 다른 교회 손님들이다. 새로운 단골 손님 끌어오기가 하늘의 별따기이다. 주변에 교회 문 닫고 목회사업을 중단한 이도 많고, 교회와 교회끼리 서로 합쳐 한 교회라도 살려보려는 이들도 있다. 이 불경기를 어떻게 이겨낼 것인가?

교회여, 립스틱을 짙게 바르자!

몇 해 전, 히트한 노래 중에 '립스틱 짙게 바르고' 라는 노래가 있었다. 이 노래는 유행이 지나 밤무대에서나 들을 수 있는 노래이지만, 얼마전 거리를 지나다 우연히 레코드점 스피커에서 흘러나오는 것을 들었다. 우리 교회를 염려하는 마음으로 기도를 하는 중에, 그 거리에서 듣던 이 노래의 가사가 떠오르는 것은 무엇인가? "영원하지도 않더라, 아침에 피었다가 저녁에 지고 마는…… 립스틱 짙게 바르고."

한국교회가 영원할 것으로 생각하면 큰 착각일 것이다. 지금 이대로의 교회, 지금 이대로의 목회라면, 영원할 수도 없으며 영원해서도 안 된다. 하나님은 영원하시며 오늘과 내일을 사시는 영원한 분이지만, 한국교회는 아침에 피었다가 저녁에 지는 나팔꽃보다 더 짧은 영화를 누리다 역사에서 사라지게 될 것이다.

지금 한국교회는 눈앞의 영화만을 좇는다. 화려함과 물질이 주는 영화말이다. 이 땅에 있는 대부분의 한국교회는 겉옷이 주는 화려함, 쌓여가는 빵덩어리, 높아가는 교회벽 그리고 기적을 행하는 예수로 획일화해 자기 나름의 고유한 색깔을 잃어버렸다.

부흥사들의 '성령 충만' '불신 지옥' 식의 목회와 도시의 대형 교회가 모범적인 목회 모델이 되었다. 그래서 작은 교회와 그 목회자들은 하늘나라 바라보듯이 건물이 웅장하고 뜨거운(?) 믿음을 부르짖는 교회들을 따라 전도지를 들고 거리로 뛰어다닌다.

교회는 그 교회만의 고유한 향기와 색깔을 잃어버리고 단 하나의 색깔로 획일화되었다. 개성이 없다는 말이다. 개성이 없고, 자기 정체성을 잃어버린 교회는 창의력과 생명력을 얻을 수 없게 되고, 새로운 시대와 새로운 문명을 맞이할 수 없을 뿐 아니라 사람들에게서 외면당하고, 이 역사에서 영원히 사라지게 될 것이다.

한국교회는 백이면 백, 천이면 천의 교회가 단 한가지 색으로 칠해져 있다. 강남의 대형 교회를 모델로 한 단 한가지 색깔로 말이다. 교회는 자기 나름의 고유한 색깔을 찾아 '색깔 있는 목회'를 해야 한다. 한국교회가 각각의 다양한 색깔과 향기를 뿜어낼 때만이 한국교회는 살아남을 수 있으며 복음을 올바르게 전할 수 있다.

교회가 칠해야 할 립스틱은 그 교회가 서 있는 자리에서 찾아야 한다. 100년 전 선교사들이 전해준 복음(?) 혹은 근본주의자들이 물려준 유산에서 색깔을 찾는 것이 아니라, 교회가 지금 서 있는 자리 곧 그 지역사회를 통해 립스틱 색깔을 찾아야 한다. 또한 교회가 몸담고 있는 민족의 요청에 응답하기 위한 립스틱 색깔, 또 새로운 문명을 개척하기 위한 립스틱 색깔을 찾을 수도 있다.

그 지역에서 요청하는 것이 교육, 청소년, 노인, 노동, 환경 문제라면 거기에 맞는 립스틱 색깔을 찾아야 하고, 민족의 시대적 사명인 통일로 립스틱 색깔을 정할 수도 있다. 또는 정보, 통신, 문화, 자연 생태계 문제 등으로 립스틱 색깔을 정할 수도 있는 것이다.

참고로 우리 한생명교회는 문화, 생명, 자연생태계 문제로 고유한 자기 색깔을 찾아 립스틱을 바르고 목회를 하고 있다. 강남의 향린교회는 한국의 전통문화로 립스틱 색깔을 찾아 목회를 하고 있는데, 예배를 '한국적 예배'를 찾아드림으로 일단 성공을 했다고 볼 수 있다. 감리교의 성실교회 역시 전통문화를 통한 예배, 교육을 모색함으로 립스틱 색깔을 찾아가고 있다. 그리고 충북 음성의 농민교회와 평창의 산돌교회, 홍천의 동면교회 등은 농민, 땅, 농사법 등으로 립스틱 색깔을 찾아 목회를 하고 있다.

자기 색깔이 있는 교회, 개성이 있는 교회만이 새로운 문명을 열 수 있으며, 그 시대에 바르게 그리스도를 증거할 수 있다. 자기 색깔과 자기만의 고유한 개성은 그 안에 새로운 생명의 씨앗을 담고 있어서 그것을 통해 새로운 문화와 역사를 열 수 있는 창조력과 생명력을 샘물처럼 뿜어낼 수 있다.

모든 교회가 하나의 색깔로 칠해져 있지 않다고 불안해할 필요는 없다.

어느 교회는 빨간색 립스틱을 바르고, 또 어느 교회는 분홍색 립스틱을 또 어느 교회는 자주색 립스틱을 바르고, 우리 주님을 증거하며 우리 시대와 역사 속에 살려내자는 것이다.

보수의 색깔로만 혹은 진보의 색깔로만 칠하려 하지 말자. 진보, 보수, 중도 등의 이념 문제가 아니라 자기가 서 있는 자리에서 구체적인 색깔을 찾아야 한다는 것이다.

하나님은 '예술가' 이시다

교회가 자기 나름의 고유한 색깔을 찾아 립스틱을 짙게 바르고 목회를 한다면, 이제 더이상 목회는 사업이 아니다. 목회는 예술이 되는 것이다. 아름다움을 추구하는 예술이다. 그때부터 예수는 빵을 구걸하는 추한 예수가 아니라, 하늘 아버지의 살아 있는 소리, 바람, 햇빛, 꽃과 나무를 찾는 아름다운 예수가 될 것이다.

우리가 하나님을 우리 인간이 하는 어떤 직업으로 설명하라면, 나는 '하나님은 예술가이시다' 라고 말하고 싶다. 태초에 세상을 창조하신 하나님은 분명 예술가이시다. 하늘과 땅을 말씀으로 지으시고, 밤하늘의 별과 달, 동산의 아름다운 꽃과 나무, 새와 다람쥐를 만드신 분, 사람을 손수 흙으로 빚으신 하나님은 당신이 만드신 것을 보고 '참으로 아름답다!' 라고 감탄하신 예술가이시다.

예술가이신 하나님은 이 세상을 처음 창조하실 때에도, 사람을 만드실 때에도, 꽃과 새를 만드실 때에도 언제나 당신의 생명의 영을, 당신의 혼을 불어넣어 만드셨다.

> "처음에 하나님께서 하늘과 땅을 지으셨다. 땅은 아직 모양을 갖추지 않고 아무것도 생기지 않았는데, 어둠이 깊은 물 위에 뒤덮여 있었고 그 물 위에 하나님의 '기운'이 휘돌고 있었다."(창 1:1, 2)
>
> "하나님께서 진흙으로 사람을 빚어 만드시고 코에 '입김'을 불어넣으시니, 사람이 되어 숨을 쉬었다."(창 2:7)

당신이 불어넣으신 '기운'과 '입김' '생기'는 당신의 영을 불어넣으신 것이고, 우리는 그것으로 살아가고 있는 것이다. 하나님께서 당신의 영과 혼 없이 그저 아이들의 장난감 만들 듯이 이 세상을 만들고, 사람을 만드셨다면 어떻게 되었을까?

하나님은 창조자이시다. 당신의 영을 불어넣어 새로운 생명을 창조하시는 분이시다. 예술가는 자기의 몸과 영혼을 온전히 바쳐 살아 있는 그 무엇을 만들어낸다. 그래서 예술가는 새로운 세상을 여는 창조자이다. 그런 의미에서 참 신앙인이란 이 세상을 살리고, 하나님의 창조행위에 참여하는 참 예술가여야 하는 것이다.

신앙이란, 하나님의 혼을 부르는 거룩한 행위이며 새로운 세상을 창조하시는 하나님의 창조행위에 참여하는 것이다. 우리가 예배를 드릴 때나, 기도를 할 때 그리고 일상생활 속에서 참다운 신앙인의 행위란 새로움을 찾고, 영원하신 하나님의 혼을 이 세상에 불어넣어 거룩한 행위로서의 예술행위를 끊임없이 실행하는 것이다. 조각가가 자기의 혼을 불어넣으며 작품을 만들 듯이, 도공이 혼신의 힘을 다해 자기의 정신을 그 도자기에 불어넣으며 살아 있는 생명체를 만들 듯이, 신앙인은 그리스도의 생명을, 그의 정신을, 자기의 몸과 영혼을 온전히 바쳐 새로운 세상을 창조해 나가야 하는 것이다.

목회는 예술이다

21세기 한국교회 목회 모델은 무엇인가? 예술가이신 하나님의 뜻을 따르는 목회, 즉 예술목회이다. 우리 나름의 아름다움과 새로움을 추구하는 목회, 하늘 아버지의 영과 그리스도의 혼을 부르는 목회, 한국 문화의 가락과 춤이 예배마당에서 신명을 되찾는 목회.

목회는 사업이 아니다. 목회는 하나님의 영을, 그리스도의 혼을 부르고, 그것으로 생기를 얻어 아름답게 살도록 도와주는 예술목회, 생명목회이다. 하나님의 영이 가득한 신명난 목회, 얼굴 환히 웃으며 예수와 더불어 덩더쿵 춤을 출 수 있는 목회이다.

그럼, 예술목회는 어디에 뿌리를 두고 어떻게 할 것인가?

우리는 여전히 서구 기독교문명에 기대어야 할 것인가? 서구 기독교가 물려준 유산인 물질주의와 세속주의를 계승할 것인가? 거기에 뿌리를 둔 오늘날 한국교회는 건강하고 생명력 있는 종교적 영성이 고갈되어 가고, 교회가 해체되며, 가정이 붕괴되어 가고 있다. 한마디로 서구 기독교문명이 몰락해가고 있는 것이다.

예술목회는 생명목회, 영성목회, 문화목회, 작은 교회 목회, 지역선교 목회 등에 기초하고 있다.

예술목회는 첫째, 생명신학, 생명목회, 생명을 보존하고 살리는 목회 위에 서 있다. 죽음의 문명에서 삶의 길로 들어서게 하는 목회인 것이다.

둘째, 예술목회는 영성목회이다. 비인간화와 영성의 고갈로 갈증을 느끼는 오늘의 현대인에게 샘물처럼 솟아나는 그리스도의 영을 불어넣어주는 목회이다. 예술성은 영성을 통해서, 영성은 예술성을 통해 살아난다. 그러므로 예술목회의 가장 핵심이 되는 일은 바로 영성을 회복하고 살리는 일인 것이다.

셋째, 예술목회는 문화목회이다. 물질의 시대, 자본주의 시대 이후는 문화의 시대이다. 교회는 '문화'를 매개로 목회를 통해 교회가 가지고 있어야 할 '예술성'을 극대화해야 한다. 그래야만 한국의 전통문화와 기존의 문화를 통해서 새로운 문화를 창출하여 21세기 새로운 문명의 문을 교회가 열어갈 수 있다. 문화목회를 가장 잘 표현할 수 있는 것은 예배이다. 예배는 목회예술의 꽃이다. 한국인의 심성 저 밑바닥에 있는 영성이 살아나도록 찬송가, 악기, 춤, 미술, 건축, 연극, 시, 의복 등 모든 문화행위를 동원해 '한국적 문화 예배' 모델을 만들어내야 한다.

넷째, 예술목회는 작은 교회 목회이다. 예술목회는 대형 교회, 큰 교회로는 불가능하다. 회중 상호간의 친밀한 성도교제가 있는 작은 공동체로 가능하다. 그런 의미에서 대형 교회는 자기의 몸과 살을 나누어 작은 교회들을 많이 만들어 예술목회의 본분을 다해야 할 것이다. 대형 교회로는 21세기 한국교회의 길을 열 수 없기 때문이다. 한국교회는 물량적 확장주의를 중지하고 하루 빨리 작은 교회, 영적 공동체로 회복해야 한다.

다섯째, 예술목회는 지역선교 목회이다. 복음은 그 지역의 상황과 만날 때, 의미가 있다. 강압적·강제적 복음선교는 그 지역을 왜곡시키며, 복음 자체도 변질될 우려가 있다. 복음은 지역선교에 근거한 복음선교가 되어야 한다. 즉 노인, 청소년, 교육, 환경, 생명, 통일, 사회복지 등 그 지역의 요청에 책임적으로 응답하는 복음이어야 한다.

21세기 새로운 문명을 열 수 있는 한국교회의 문화, 예술목회가 더욱 활발하게 살아나길 간절히 바란다. 한국 문화 속에 기독교문화가 활짝 꽃을 피워 한국교회와 이 한반도 온누리에 그리스도의 영이, 하나님의 숨결과 생기가 가득하여 생명의 충만함을 맛보았으면 좋겠다.

영성과 예술성이 살아나는 교회, 그 길만이 21세기를 헤치고 살아남을 수 있는 교회의 길, 하나님의 길인 것이다.

우리 가락 우리 찬송

음악, 하나님을 만나는 또 다른 길

한국교회의 영적 큰 스승인 시무언 이용도 목사(1901~1933)는 그의 일기장에 "나는 그 소리를 타고 주의 품에까지 날아갈 수 있다. 오~ 음악의 신비여! 나는 그 속에서 나의 하나님을 찾는다"라고 적어놓았다. 음악은 인간이 만든 그 어떤 예술보다 우리의 영혼을 그분께로 인도하는 힘이 있다.

현대신학의 아버지라 일컫는 서양의 신학자 칼 바르트(Karl Barth)는 "내가 이 다음에 천국에 가면 제일 먼저 모차르트의 안부를 묻고 싶다. 그 다음에 어거스틴, 토마스 아퀴나스, 마틴 루터, 칼뱅의 안부를 묻고 싶다"고 말한 적이 있다. 자기의 신학적 스승보다도 한 음악가의 안부를 먼저 묻고 싶다는 칼 바르트의 말은 그가 얼마나 음악을 통해 하나님의 영감을 받아왔는지를 알 수 있다. 칼 바르트가 그의 주옥같은 논문 「로마서주석」을 쓸 때에는 언제나 모차르트의 음악을 들었다고 한다. 현대 신앙인들에게 하나님의 말씀을 새롭게 보고, 교회를 말씀 위에 세우는 데 커다란 신학적 공헌을 남긴 칼 바르트가 모차르트의 음악을 통해 하나님의 영감을 받았다는 사실은 우리에게 새로운 느낌으로 다가온다.

이용도 목사가 하나님을 찾았던 음악은 무엇인가. 주님의 품에까지 날아갈 수 있게 했던 그 소리는 무엇인가. 그것은 칼 바르트가 그의 신학적 영감을 얻었던 모차르트의 음악과는 다르다. 이용도 목사의 전집에 담겨 있는 여러 장의 사진 중에 제일 눈에 띄는 것은 하얀 바지저고리를 입고 마루에 앉아 가야금을 타고 있는 모습이다. 이용도 목사는 또 다른 그의 일기장에서 "나는 가야금 소리를 타고 하나님의 품에 안겼노라"고 말했다. 이용도 목사는 음악이라는 통로를 통해서 하나님을 만났던 것이다. 그것은 다름아닌 한국의 전통악기로 연주하는 우리의 선율이요, 우리의 가락을 통해서 말이다.

이용도 목사는 가야금을 통해 하나님의 품에 안기는 경험을 했고, 칼 바르트는 서양음악의 아버지 모차르트의 음악을 들으며 신학적 영감을 얻었다. 이 두 사람의 차이는 있을까? 하나도 없다. 한국사람 이용도는 한국가락을 통해서 하나님께 나아갔고, 서양 신학자 칼 바르트는 서양가락을 통해서 하나님의 진리를 깨달았을 뿐이다. 주님은 이 두 음악 중에 어느 것을 버리거나 정죄하지 않으신다. 다만 우리 주님은 당신을 믿는 사람들의 문화와 얼 속에서 함께 숨쉬기를 원하실 뿐이다.

한국적 교회? 미국적 교회?

서양 선교사들은 주님을 우리에게 전함에 있어서, 복음 그 자체만을 전한 것이 아니라 그들이 주님을 이해하는 데 도구로 쓰여졌던 자신의 문화까지도 마치 복음인 양 절대화하여 우리에게 강요했다.

서양 신학자 하르낙(Adolf von Harnack)은 '양파껍질론'을 말한 적이 있다. 양파의 껍질을 하나씩 벗겨내면 한가운데 양파의 핵이 나오는데, 그것이 복음이라는 것이다.

복음은 우리를 구원하신 그리스도시요, 그분의 말씀이다. 그러나 우리에게 기독교를 전파해 준 선교사들은 바로 복음 그 자체, 즉 우리 주님 그리스도만을 전한 것이 아니라 복음을 덮고 있는 서양의 문화라는 껍질, 서양의 역사라는 껍질, 서양의 철학이라는 껍질, 서양의 신학이라는 껍질, 서양의 가치관과 세계관이라는 껍질, 서양의 제국주의적이며 침략적인 사고방식이라는 껍질까지도 마치 그것이 복음의 핵인 양 우리에게 전했던 것이다. 이 여러 껍질들은 서양 신앙인들이 복음을 그들 나름대로 잘 이해하고 주님의 말씀을 잘 따르기 위한 그들의 도구일 뿐이지 그것이 복음의 본질은 아닌 것이다.

우리는 양파의 핵, 즉 복음의 본질만을 받아들여 한국의 역사, 한국의 문화 예술, 한국의 건축, 한국의 철학, 한국의 가치관, 한국의 강산江山이라는 도구를 이용하여 복음을 이해하고 받아들일 때, 더욱 주님의 말씀을 잘 깨달을 수 있고, 따라서 한국의 신앙인들을 구원으로 인도할 수 있을 것이다.

우리는 해방을 맞이하고 6·25를 겪으면서 철저하게 서구화되어 왔다. 경제·문화·정치·종교까지도 서구화되어, 사회의 변화에 따라 교회도 초기의 선언을 잊고 철저하게 서구화되었던 것이다. 찬송가는 물론이요 예배의 순서 그리고 교회건축과 성직자의 예복까지 우리는 마치 서구라는 양파

껍질이 복음의 본질임으로 일점일획도 벗어나면 안 된다는 신념을 오늘날에도 갖고 있다.

얼마전 미국의 한 목사가 한국교회를 방문하고 떠나면서 한 말은 우리에게 시사하는 바가 크다.

"한국에 와보니 국토는 다르지만 그 땅 위에 세워진 문화와 의식은 내가 사는 미국을 그대로 심어놓은 것 같아 실망스럽다. 나를 더욱 실망시킨 것은 한국교회의 모습이다. 그들이 부르는 찬송가, 예배의식, 교회건축물 등은 우리와 다를 바 없다. 나는 한국적인 교회를 보기 위해 왔지만, 또 다른 미국교회를 본 것 같아 실망했다."

주체의식이 없는 한국교회

예수께서는 주체의식 없는 인간을 개나 돼지로 비유한 바 있다.

> "거룩한 것을 개에게 주지 말며 너희 진주를 돼지 앞에 던지지 말라. 저희가 그것을 바로 밟고 돌이켜 너희를 찢을까 염려하라."(마 7:6)

하나님께서는 자아의식이 없는 자에게 은혜를 주시지 않는다. 왜냐하면 내가 나의 가장 귀한 보물을 미친 사람에게 던져주었다면, 사람들이 나를 보고 미쳤다고 할 것이기 때문이다. 하나님은 자기의 아들 예수 그리스도를 인격적인 주체자인 온전한 사람에게 보내신 것이지 미치광이에게 보내신 것이 아니다. 한국교회의 혼란은 이 주체의식이 없는 개와 돼지에 진주를 내어맡긴 것과 같은 사정이다.

복음이 우리의 마음 속에 들어가면 말짱하고 온전하고 얌전한 사람이 되는 것이 원칙인데, 오히려 복음을 받았다는 인간이 도리어 정신나간 일을 하고 있다. 요즘 일간신문의 사회면에 실린 사건 사고의 주인공들은 대부분 기독교인이다.

예수를 믿기만 하면 부자가 된다는 신앙, 또 자기 자신의 구원과 복만을 간구하는 이기적인 신앙으로 말씀이 제대로 우리의 얼이 되어 뿌리내리지 못했기 때문이다.

이것은 바로 주체의식, 역사의식의 결여, 다시 말하면 한국이라는 나의 자각이 없는 상태에서 복음을 받아들인 탓이라고 볼 수밖에 없다. 우리가 복음을 받기 위해서 자리의 문제가 얼마나 중요한지를 새삼 알 수 있는 것이다.

그러므로 우리가 성경만 읽고 교회에만 가면 믿음이 저절로 자라리라고 생각해서는 안 된다. 그것은 마치 곡식의 씨만으로 열매를 맺을 수 없는 것과 마찬가지이다. 그 씨는 좋은 땅에 심어지지 않으면 안 되기 때문이다.

과연 한국교회는 한국에 대하여 얼마나 알려고 노력했는가? 한국교회는 지난 200년 동안 우리 후손에게 물려준 고유한 한국 기독교문화 예술이 있는가? 한국 찬송가 하나 제대로 만들지도 못하고, 교회건축은 모두 흉물스런 건물로 세워놓고, 교회 안팎으로는 서양교회 답습하기 바쁘지 않은가? 우리 한국에는 정말로 예술적 가치가 있는 성화 한장이라도 남긴 것이 있는가?

참 한국인으로 오시는 그리스도

이처럼 한국 그리스도인은 한국 문화를 버리고 서구 기독교문화를 수용하는 데 급급하여 한국적 기독교를 거부하지만, 놀랍게도 성령께서는 보이지 않게 지난 200여년의 한국 기독교 역사 속에서 기독교의 한국화, 곧 토착화를 이루시고 계시다. 토착화 신학자인 김광식 교수는 토착화를 한마디로 성령의 역사라고 말한다. 그는 말하기를 "토착화는 인간이 인위적으로 어떻게 할 수 있는 프로그램이 아니다. 토착화는 그리스도가 한국인으로 우리에게 다가오는 사건이다"라고 한다.

그의 표현대로 하면 토착화는 인간이 어떻게 할 수 있는 '프로그램'이 아니라 곧 '복음화'인 것이다. 그리스도께서 한국인으로 우리에게 다가오는 거룩한 사건, 복음화, 구원화가 곧 토착화이다. 한국 그리스도인을 한국인이 되게 하며 그리스도인이 되게 하는 것, 그래서 참 한국인이며 참 그리스도인이 되어 구원에 이르게 하는 것이 토착화이다. 그런데 이 토착화는 사람이 하는 것이 아니라 바로 성령님께서 하시는 복음의 사건이라는 것이다.

우리 주님께서 2000년 전에 유대땅 베들레헴에 사람의 모습으로 오신 성육신 사건이 바로 토착화 사건이다. 주님께서 사람의 모습으로 오심으로, 주님은 사람의 언어·문화·관습·역사 속에 거하셔야 했고, 그 속에서 하나님의 말씀을 전하셔야 했다. 예수 그리스도의 십자가와 부활로부터 시작된 기독교회는 로마제국과 서양의 역사·문화·종교 속에서 토착화 과정을 거치면서 오늘날의 서구 기독교회를 형성하게 된 것이다. 이것은 서구인들이 그렇게 하려고 해서 된 것이 아니라, 하나님께서 그들 문화 속에서 당신의 모습을 잘 드러내기 위한 성령의 역사였던 것이다.

한국교회 신자들은 기독교인이 되고 난 후에도 전통문화와 전통종교의 유산을 그대로 간직하고 살아간다. 교회의 장로, 집사제도로 나타나는 질서의식은 유교의 장유유서의 영향이요, 추도예배는 제사제도를 변형한 것이다. 돌과 회갑이나 고희예배 등은 유교전통의 영향이 크다. 새벽기도, 금식기도, 산기도 더 나아가서 백일기도 등은 기독교적이라기보다 무교적인 현상들이 기독교적으로 수용된 것이다.

각 신자는 이러한 삶을 모순으로 생각하지 않고 있다. 형식상으로는 무당과 절과 제사를 거부했으나 그 내용은 기독교적으로 변형되고 수용되었다. 이것은 전통문화와 전통종교가 한국 신자 개인의 영적·교회적 삶 속에서 의로움의 대상이 되고 있다는 증거가 된다. 따라서 한국교회에 있어서 복음의 토착화가 전통문화와 전통종교의 칭의로 나타나게 된 것이다.

이러한 의미에서 김광식 교수는 한국 개신교를 유불선 문화와 종교 위에 토착화된 제의 교회라고 말한다. 하나님으로부터 칭의받은 교회로서의 제4의 교회는 기독교적인 동시에 유불선적이다. 여기서 유불선 문화와 종교는 죄스러운 것이지만 하나님으로부터 의롭다 하심을 받은 것이다.

이처럼 하나님은 당신의 말씀을 한국인들에게 새롭게 밝혀주기 위하여, 서양의 문화·종교·전통만을 고집하지 않으시고, 한국의 고유한 문화 종교 전통을 버리지 않으시고, 정죄하지 않으셨던 것이다. 하나님은 곧 이 땅의 그리스도인에게, 참 그리스도인은 참 한국인일 때 가능하다는 사실을 말씀하고 계신 것이다.

우리가 부르는 찬송가는 어떤 찬송들인가

한국 찬송가집은 1892년 감리교 선교사였던 존슨(George H. Jones) 목사와 이화학당 교사였던 로드와일러(Louis G. Rothweiler)양이 미국 감리교 선교부의 도움으로 펴낸 『찬미가』를 시작으로, 각 교단별 찬송가 작업을 거처 1949년 감리교, 장로교, 성결교 세 교단이 하나된 찬송가의 사용을 목적으로 『합동찬송가』를 발간하였다. 1967년에 '한국찬송가위원회'가 구성되어 『개편찬송가』를 만들었는데, 이 찬송가에는 한국 음악가들이 창작한 찬송가들이 27곡이나 포함되었지만 각 교단의 다른 이해 때문에 사용이 중단된 이후, 1983년 12월에 출간된 『통일찬송가』를 오늘까지 사용하고 있다.

오늘날 우리가 교회에서 부르고 있는 통일찬송가에 대하여 우리가락연구가 이천진 목사는 다음과 같이 분석해 놓았다.

세계 교회 연합회 추천곡이 75편, 미국 침례교회에서 찬송교육을 위해 추천한 곡이 55편, 독일찬송이 20편, 종교개혁 이전의 라틴찬송과 희랍찬송이 14편, 미국의 복음성가는 무려 269편이나 되지만 한국찬송가는 17편에 불과하다.

좀더 자세히 살펴보면, 79장 '피난처 있으니'는 영국 국가이고, 77장 '전능의 하나님'은 제정 러시아 국가를 의역한 것이다. 245장 '시온성과 같은 교회'는 독일국가이다. 이 찬송가를 유럽의 다른 나라에 가서 부르면 큰일난다고 한다. 왜냐하면 나치가 독일 주변국가를 점령할 때 부른 독일 국가이기 때문에 그 노래만 들어도 악몽 같은 세계대전이 생각나기 때문이라 한다.

특히 388장 '마귀들과 싸울지라'는 미국 남북전쟁 당시 불렀던 전투찬송가이다. 그래서 찬송가를 연구하는 사람들은 가급적 이 찬송을 부르지 못하게 한다.

338장 '천부여 의지 없어서'는 영국 오페라 작곡가 윌리엄 쉴드(W. Shield)가 작곡한 민요이다. 그밖에 영국 민요는 545장 '하늘 가는 밝은 길이',

78장, 149장, 173장 등이다. 미국 민요는 28장, 405장, 229장, 190장 등이며 프랑스 민요는 125장, 160장, 520장 등이다. 그리고 캐롤송은 109장, 110장, 111장, 112장 등 총 12곡이다. 그밖에 독일 민요(14장, 57장, 309장), 흑인 영가(136장, 420장, 518장), 네덜란드 민요(32장, 39장, 517장), 스페인 민요(29장), 아일랜드 민요(533장), 웨일즈 민요(515장) 등이 있다.

이들 찬송들은 기독교와는 상관이 없는 노래였지만 콘트라팍투어(Kontrafaktur) 방식으로 찬송가가 된 노래들이다. 콘트라팍투어라는 말은 기존에 있는 노래에다 가사만 바꾸어 부르는 것이다.

우리가 부르는 찬송가는 이렇게 외국의 국가, 민요, 영가, 대중가요 등의 가락에 찬송시를 붙여 만든 것들이다. 우리는 여기에서 이러한 비기독교적인 가락에 찬송시를 붙여 만든 찬송가들이 문제가 있다 없다를 떠나서 비기독교적인 음악조차도 하나님을 찬양하는 도구로 만들 줄 알았던 서양 사람들의 지혜와 열린 마음을 우리의 전통음악에도 적용시키려는 노력이 있어야 한다는 것이다.

왜 우리는 외국의 민요로 찬송가를 만들어 부르면서 우리 민요는 안 된다고 생각하는가? 왜 우리는 외국의 악기와 장단으로 찬송가를 부르면서 우리의 악기와 장단으로 찬송가를 만들어 부르기를 주저하는가?

우리 가락, 우리 신앙고백

서양 찬송가의 가사와 가락에는 복음 이외에 그 나라의 문화와 정신이 스며 있다. 찬송가 가사가 아무리 은혜로워도 가락이 주는 정서적 영향은 크다. 우리가 매주일 예배시에 습관처럼 부르는 찬송가 박자에 따라 우리의 의식과 성격이 바뀐다.

우리는 서양의 찬송가를 부를 때마다 남을 고려하지 않는 전진적이고 전투적인 신앙이 무의식적으로 형성된다. 우리는 전도하러 갈 때도 행진곡을 부르며 전투에 나가는 용사가 된다. 그리고 이웃을 보지 못하고 오직 앞만 보는 개인주의적 신앙관과 소위 로버트 슐러식의 적극적 신앙관이 우리가 부르는 찬송가 가락을 통해서 형성되어 왔다. 이런 찬송가 가락은 서양 그리스도인들에게는 맞을지 모르지만 한국 그리스도인들에게는 왜곡된 신앙을 형성하게 한다.

우리 음악의 근본 원리는 '호흡'을 통한 가락으로 신명을 얻어서 천지인이 하나가 되는 것이다. 우리의 가락은 사람에게만 의존하지 않는다. 자연의 기운과 하늘의 울림이 찬송 부르는 사람의 호흡으로 나오도록 하여 그것으로 신명神明, 즉 하나님을 밝히 드러내는 것이다. 우리 가락은 단순히 악보에 의지하지 않고, 또 악기에 의존하지 않으며, 부르는 사람을 중심에 놓치 않는다. 악기와 부르는 사람, 악보가 하나로 어우러져 새로운 기운을 창조해내는 힘이 있다. 이 새로운 창조가 바로 종교적인 힘이요, 오늘 우리 그리스도교회가 회복해야 할 요소이다.

우리 가락의 원리는 몸과 마음을 일원론적으로 보며 그것이 유기체적으로 하나가 되어 자연과도 하나가 되는 상태를 말하는 것이다. 이러할 때 신과 합일의 경지인 신명이 나는 것이다.

우리 가락은 노래 부르는 사람 혼자 내버려두지 않고, 듣는 사람이나 자연이 하나가 되어 전능하신 하나님을 만나게 한다. 장구 가락을 보더라도 음양이 있어 이것이 서로 조화를 통해 막힌 것을 뚫고 끊어진 것을 이어주어 하나님, 사람, 자연이 어우러지는 신명의 세계, 즉 새 하늘과 새 땅으로 나아가게 한다.

어디 찬송가의 가락만 그러하겠는가. 노랫말은 더욱 문제가 많다. 찬송가 가사는 성경에 근거한 하나님의 말씀이요, 믿는 자들의 신앙고백이다. 그러나 우리가 부르는 찬송가는 17세기 말경의 경건주의 운동, 19세기에 형성된 근본주의 신학에 근거한 찬송가 가사가 많은 부분을 차지하고 있다. 이러한 것을 우리가 그대로 수용함으로, 역사적으로 우리의 삶과 현실과 동떨어져 있고 시간적으로 거리가 먼 서구 그리스도인들의 신앙고백을 함으로써 우리의 신앙을 생동감 있게 변화시키지 못하고, 실천적 구원의 삶으로 인도하지 못한다.

어찌 우주만물을 창조하신 하나님과, 낮고 천한 세상에 오시어 나눔·섬김·사귐의 삶을 살다가 십자가에 달려 죽으신 구원자 예수 그리스도와 지금도 우리를 새롭게 창조하고 계시는 성령님을 어찌 단선적이고, 비좁은 서양의 근본주의 신학 안에만 가둘 수 있겠는가.

우리가 지금 부르는 찬송가는 예수 그리스도의 세상을 향한 의로운 역사와 자연과 우주만물 속에 살아 계신 하나님의 은총과 그리고 민족의 역사 속에서 한국 그리스도인들의 구원자의 삶이 결여된, 일방적인 찬송가들로 구성되어 있다. 특히 우리는 한국 그리스도인들로서 이 땅에 하나님께서 허락하신 사명이 무엇이며, 그 사명을 지켜나가기 위해 우리가 무엇을 어찌해야 할 것인가에 대한 성도의 결단과 삶이 담겨 있는 찬송가가 단 한편도 없다는 것에 울분을 토할 수밖에 없다.

교회는 나라를 빼앗긴 조선 말에 들어와 일제시대를 거치면서 민족의 독

립과 구원의 토대 위에 세워졌다. 그리고 지금도 우리는 민족분단이라는 아픔을 겪고 있지만, 우리 찬송가는 민족의 통일과 구원을 위한 찬송은 하나도 없이 여전히 외국 민요 가락에 맞추어 우리 자신의 구원과 축복을 받기만을 간절히 부르짖고 있다.

나라는 갈라지고 하나님의 백성은 헐벗고 있는데, 우리는 안락한 교회 의자에 앉아 나 자신의 축복과 서양 신앙인들의 고백을 앵무새처럼 찬송할 것인가, 아니면 강도 만난 민족과 강도 만난 사람을 돌봐주는 선한 이웃이 되고자 결단하는 청지기의 찬송가를 부를 것인가. 전자의 찬송을 부인하는 것도 아니며 후자의 찬송만을 고집하는 것도 아니다. 다만 우리의 찬송가가 너무 개인주의적인 신앙만을 담고 그리스도인의 의롭고 구원적인 삶이 결여되었다는 것을 말하고자 하는 것이다. 그것은 그리스도인은 어느 사람보다도 구체적인 하나님의 역사 속에서 책임적으로 응답하는 자들이어야 하기 때문이다.

예배와 찬송이 바뀌어야 우리 신앙이 살아난다

주님께서 우리에게 주신 말씀은 영원히 변할 수 없는 절대 진리이지만, 우리가 고백하여 부르는 찬송가는 시대에 따라서 역사와 문화의 토양 속에서 언제나 새롭게 변할 수 있는 것이다.

우리가 흔히 역사를 말할 때, 말씀과 진리 같은 절대 개념에 사史자를 붙이지 않는다. 그러나 교리사敎理史, 교회사敎會史와 같이 우리가 사史를 말할 수 있는 것들은 끊임없이 그 시대와 역사에 따라 변하여 말씀과 진리를 새롭게 해석하고 실천하도록 한다. 교리와 교회는 그 시대의 신앙인들을 구원으로 바르게 인도할 힘이 없거나 타락하면 하나님의 인도하심에 따라 변해야 한다. 교회와 교리도 변하는데, 하물며 교회 안에서 부르는 찬송가를 성경 말씀처럼 영원히 변하지 않는 절대적인 가치로 신봉해서는 안 될 것이다.

사도 바울은 자기가 모든 이에게 자유한 사람이나 스스로 모든 이에게 종이 된 것은 더 많은 사람을 얻고자 함이라고 말했다. 내가 유대인과 같이 된 것은 유대인을 얻고자 함이며, 율법 아래에 있는 자와 같이 된 것은 율법 아래에 있는 자를 얻고자 함이며, 내가 약한 자와 같이 된 것은 약한 자들을 얻고자 함이라고 했다. 그리고 바울은 여러 사람에게 내가 여러 모양이 된 것은 아무쪼록 몇몇 사람을 구원하고자 함이라고 말씀하고 있다.

기독교회는 많은 한국 백성들을 구원하기 위해 사도 바울처럼 서구 기독교의 여러 가지 모양, 다시 말하면 복음을 싸고 있는 양파껍질들을 벗겨버려야 한다. 내가 내 모양을 버린다고 내 안에 계신 하나님을 버리는 것은 아니며, 내가 내 모습을 포기한다고 해서 주님을 포기하는 것은 아니다. 한국 기독교가 서구 기독교의 모양을 버린다고 하나님이 한국 땅을 떠나는 것은 아니며, 한국교회가 서구교회의 찬송과 의식을 포기한다고 해서 주님께서 한국교회를 포기하시지는 않는다. 한국교회는 사도 바울처럼 이 땅의 많은 한국백성들을 얻기 위해 서구 기독교의 모양을 버리고 한국의 문화·역사·철학·예술의 모양으로 한국 기독교를 만들어내야 할 것이다. 교회가 한국인의 모양을 취하는 것만이 한국 땅을 구원할 수 있으며, 이 땅의 백성들을 하나님의 자녀로 얻을 수 있고, 이 한반도를 하나님의 나라로 만들 수 있는 것이다.

한국 그리스도인이여, 너희들의 가락과 고백으로 나를 찬양해다오

놀라운 일이 일어났다. 미국 장로교 찬송가 346장은 한국의 민요인 아리랑(ARIRANG)이다. 이것은 우리의 모양을 서양 사람들이 취하고 있는 것이다. 그들은 더 풍성한 열매를 얻기 위해 우리의 모양을 취하여 하나님을 찬양하고 있다.

이 찬송가는 우리 민요 아리랑에 골로새서 1장 15~18절까지의 말씀을 시로 지은 곡이다. 이 찬송가를 한국성서공회의 민영진 박사가 번역한 것을 옮겨보면 다음과 같다.

> (1절) 주님은 하나님 형상이시오 만물을 지으신 창조주시라
> 부활하시어 다스리시니 주님은 교회의 머리시라
> (2절) 주님과 더불어 새로 태어나 성령님 모시고 살아가니
> 성령열매 풍성히 맺어 주님 다시 오실 때 반겨 맞으리
> (3절) 주님의 지체된 우리 몸이 생명의 말씀을 먹고사니
> 감사합니다 찬양합니다 주님이름 높이며 살렵니다

은혜로운 성경의 말씀을 찬송시로 지어 우리 가락에 맞추어 부르니 부를 만 하지 않은가. 외국 민요 가락에 따라 찬송을 부를 때보다 더 흥겨움이, 신명이 일어나지 않는가. 외국 그리스도인들도 우리 가락으로 흥겨움에 하나님을 찬양하는데 우리는 왜 못하는가?

흥겹고 신명난 가락에 우리의 고백을 찬송가 가사로 붙여 부른다면 우리의 신앙은 더욱 풍성해지고, 우리의 삶 속에서 더 많은 성령의 열매를 맺게 될 것이다.

남의 나라 민요를 찬송가로 부르면서 우리는 왜 우리 가락, 우리 악기에

맞추어 찬송가를 부를 수 없는가. 이것을 보시고도 하나님은 무엇이라 말씀하실까?

"한국 그리스도인이여, 이제 너희들의 가락과 삶의 고백으로 나를 찬양해다오."

조국산천을 순례하는 신앙인

순례하는 신앙

북산北山 선생(최완택 목사)이 사는 집과 우리집은 걸어서 10분 정도 소요되는 아주 가까운 거리에 있다. 그래서 북산 선생은 가끔 나를 불러 밥도 먹이고, 집 뒤로 이어져 있는 호암산에 함께 오르자고 권한다. 언젠가는 호암산을 함께 오르다 조그만 약수터에 머물러 휴식을 취하는 중에 북산 선생은 나에게 엉뚱한 제안을 했다.

"채목사, 우리 뻥튀기 장사나 한번 해볼까?"

"네? 뻥튀기 장사요?"

난데없는 목사님의 제안에 나는 입을 다물지 못했다.

"아마 청량리 시장에 가면 뻥튀기 기계를 구입할 수 있을 거야. 손수레에 그걸 싣고 이 마을 저 마을 다니며 뻥튀기 장사를 해보는 거야."

"아 예? 그거 참 좋은 생각인데요."

"나는 말이야, 1964년도에 군대 생활을 대구에서 했거든. 그때 상병 계급장을 달고 휴가를 나왔는데, 친구들 만나 놀고 그러는 것보다는 한번 도보로 여행을 하고 싶더라고. 그래서 군복입고 군화신고 대구에서 아버지가 목회하시는 휴전선 부근 지역인 연천까지 도보로 여행한 적이 있지. 나는 그때의 여행을 잊을 수 없어. 이곳 저곳을 자유로이 거닐며, 이 산 저 산 풍경을 보고, 이 마을 저 마을 사람들을 만나고, 지금도 그때 만난 사람들, 그때 거닐던 들녘과 강과 산이 내 마음 속에서 아직도 살아나곤 하지. 채목사, 여행은 말이지. 차를 타고 쌩 달리는 여행보다는 자기 발로 걸어서 이곳 저곳 발길 닿는 대로 가는 여행이 제일이지. 그 속에서 만나는 자연, 사람, 사건, 마을, 풍경이 참으로 멋들어지고, 아름답거든."

"아, 그래서 그때 여행을 못 잊으시고 저와 함께 뻥튀기하며 산천山川여행을 해보자고 하신 거군요."

"그래. 여행 노잣돈은 뻥튀기를 해서 벌고……. 여행을 하면서 남에게 신세는 지지 말아야지. 그래야 자유롭고 제대로 된 여행을 할 수 있는 거야."

"목사님, 참 좋은 생각이신 것 같은데요. 언제 한번 해보죠."

북산 선생과 이런 이야기를 나눈 이후 나는 실제로 2주에 한번 오는 우리 동네 뻥튀기 아저씨에게 뻥튀기 기계는 어디에서 구입하며, 뻥튀기 기술은 어렵지 않은지, 하루에 얼마를 버는지 시시콜콜 물은 적이 있다. 그러나 아직까지 북산 선생과의 약속은 지켜지지 않고 있다. 섬기는 교회, 책임져야 할 가정, 해야 할 많은 일들이 문제였다. 그러나 언젠가는 북산 선생과 함께 뻥튀기를 하며 내 조국산천을 순례하고 싶다.

북산 선생은 '자유혼'이다. 그가 쓴 책제목이 '자유혼'이라서가 아니다. 내가 보기에도 그는 분명 이 시대의 자유혼이다. 그는 어느 한곳에 머물러 있지 않고 바람처럼 자유롭다. 그래서 나는 북산 선생에게서 순례하는 신앙을 배운다.

신앙은 흐르는 물과 같아서 교회와 교리에 갇혀 있으면 독선과 아집으로 변한다. 그래서 때로는 신앙이 남을 정죄하는 도구로 사용되기도 한다. 갇혀 있는 신앙은 이미 신앙이 아니다. 신앙은 현실에 머무르지 않고 현실을 박차고 일어서는, 그리하여 순례하는 신앙, 구도하는 신앙이 되어야 한다.

우리 주 예수는 이 세상에서 사셨지만, 하늘의 사람이었다. 그는 이 세상의 가난하고 병든 자들을 돌보셨을 뿐만 아니라 언제나 하늘의 뜻을 좇아 살았다. 주님은 바리새인들처럼 성전과 율법에 매여 있지 않으며, 언제나 성전 밖으로 나아가 하늘 복음을 전하셨다. 주님이 우리에게 보여주신 신앙은 자유한 신앙, 순례하는 신앙이다.

막힌 교회, 잠든 교회여! 조국산천을 호흡하라

그러나 오늘날 교회가 요구하는 신앙은 갇힌 신앙이요, 경직된 신앙이다. 교회는 신앙인들에게 종교적 신념이나 교리와 교회 법을 강요하며, 그곳에 속한 자만이 구원받을 수 있다고 가르친다. 이러한 현대교회의 갇힌 신앙관은 너무나도 경직되어 타인을 정죄하는 도구로 사용되어 왔으며, 심지어는 신앙적 살인 무기로까지 변해가는 것을 우리는 쉽게 목격한다.

물이 한곳에 고여 있으면 썩듯이 신앙도 어느 한곳에 갇혀 있으면 썩어 병들게 된다. 그래서 갇힌 신앙, 막힌 삶, 잠든 영혼을 가진 우리 시대의 교회는 지금 하나님의 뜻을 밝히 보지 못하고 갈팡질팡하며 그 갈 길을 찾지 못하고 있는 것은 아닐까.

이제 교회는 막힌 숨통을 열어놓고 잠든 우리의 영혼을 흔들어 깨워야 한다. 이 일을 위해서 교회가 해야 할 일은 교회 문을 활짝 여는 일이다. 지금까지 교회문을 굳게 닫고 안으로만 교인들을 끌어모았지, 밖으로 교인들을 내보내지 않았던 현대교회는 이제 문을 활짝 열어 신앙인들로 하여금 세상으로 나가 자유한 바람을 쐬게 해야 한다.

이 시대 교회의 사명은 막힌 세상, 갇힌 영혼을 깨워 제 갈 길로 가도록 도와주는 것이다. 그것은 물이 흐르는 것처럼, 바람이 부는 것처럼 제 갈 길로 흘러가는 순례의 삶이다. 그런데 그 순례의 삶은 우리가 태어나 몸담고 살아가는 조국산천을 순례함으로 가능하다.

우리가 믿는 하나님은 우리의 조국산천과 더불어 활동하시는 분이다. 우리가 한국인이요, 이 조국산천에 몸담고 있는 한, 우리가 믿는 하나님은 언제나 조국의 산천을 통하여 역사하신다. 우리 조국의 산천, 푸르고 싱그러운 내 조국의 산과 강과 바다, 짙푸른 하늘과 넓은 들녘, 하늘의 종달새와 이름모를 무수히 많은 풀벌레들의 합창소리, 아름다운 내 조국산천과 호흡하는 것이 곧 이 한반도 땅에 역사하시며 살아 계신 하나님과 호흡하는 것이다.

우리 조국산천은 인간의 풍요와 안락을 위한 도구나 수단이 아니라 우리의 잠든 영혼을 깨워주는 하나님의 선각자, 인격자인 것이다. 로마서 1장 20절 말씀을 보면, "하나님께서는 세상을 창조하신 때부터 창조물을 통하여 당신의 영원하신 능력과 신성과 같은 보이지 않는 특성을 나타내보이셔서 인간이 보고 깨달을 수 있게 하셨다"고 기록하고 있다. 여기에서 말씀하는 창조물은 자연이요, 그것은 우리가 지금 몸담고 살아가는 조국산천이다.

그러나 우리는 여기서 단순히 자연을 즐기자는 자연주의자로, 자연을 절대화하는 자연제일주의자로 살자는 것은 아니다. 우리가 조국산천을 순례하는 일은 단순히 자연을 즐기는 차원에 머무는 것이 아니라 아름다운 조국의 자연을 만나고 또 그곳에 묻혀 살아가는 이 땅의 사람들을 만나는 것이다.

이 땅에 사는 사람들의 애환과 원한과 또 그들의 지혜와 그들의 삶의 생명력과 그들의 창조력을 만나는 것이다. 이 조국산천과 더불어 살아가는 사람들의 삶은 단순히 그들만의 것이 아니며 나 자신의 것이기도 하다. 그것은 내 조국산천에 묻혀 살아온 백성의 삶과 역사는 나의 삶과 결코 분리될 수 없기 때문이다.

또한 조국산천을 순례하는 신앙이란, 내 조국의 산천과 더불어 숨쉬어온 문화와 예술과 종교와 얼을 좇아 순례하는 것이다. 한국인에게 있어서 내 조국의 사람들이 수천년 동안 일궈놓은 문화와 예술과 종교는 단순한 하나의 문화양식이 아니라, 그 속에 하나님이 이 민족에게 어떻게 역사하셨는지를 알 수 있는 것들이 담겨 있다.

하나님의 숨결, 하나님의 사랑, 하나님의 심판, 하나님의 창조, 하나님의 살아 계심이 우리 선조들이 일궈놓은 문화예술 전통 속에, 그 역사 속에 고스란히 녹아 있기 때문이다. 그러기에 우리가 이 한반도 땅에서 온전히 신앙생활한다는 것은 곧 내 조국산천을 순례하는 것이요, 내 조국산천을 순례함으로써만 우리는 이 땅에 역사하시고 살아 계신 하나님의 숨결을 느낄 수 있는 것이다.

지금 주님은 우리에게 외치고 계시다.

> 이 땅에서 호흡하는 신앙인이여! 이 땅의 산과 바다, 언덕 위 이름모를 들꽃, 밤하늘의 별빛까지 이 모든 그대들의 조국산천, 강산을 거룩하게 여기고 순례하라.
> 이 땅에 거하는 신앙인이여! 이 땅을 일구어온 백성의 恨과 기쁨 그리고 그 숭고한 창조력과 생명력을 거룩하게 여기고 묵상하라.
> 이 땅의 신앙인이여! 하나님의 은총의 단비가 촉촉이 내려진 이 민족의 문화와 예술과 종교와 철학과 역사를 거룩히 여기고 구도하는 자가 되라.
> 이 땅의 신앙인이여! 이스라엘 땅이 성지가 아니라, 지금 너희가 살아가는 이 조국산천이 거룩히 여겨야 할 성지이다.
> 이 땅의 신앙인이여! 너희가 너희 조국산천을 순례할 때만이 내 음성을 들을 수 있고 내 숨결을 느낄 수 있고 나를 만날 수 있고 나와 하나가 될 수 있도다.

이 세상에 소풍 온 사람아
―― 풍류風流를 즐긴 조선인의 삶

추억의 방문을 열면 영혼의 작은 섬이 보이고 마음 한구석 어딘가에 있을, 그 옛날 우리가 서 있던 추억의 방으로 들어가보자. 유년의 아련한 추억의 방문을 열고 그 안을 조심스레 들여다보노라면, 희뿌연 안개가 방 안 가득 자욱한 것이 이내 걷히고, 그 안에 소중하게 담겨져 있던 추억의 조각들이 하나 둘 아주 선명하게 되살아난다. 우리가 제 아무리 추억의 방문을 단단하게 못질을 해두었다 해도, 그 놈은 꿈틀(!) 살아나서 우리의 마음을 흔들어 그 방으로 우리를 초대한다.

되살아나는 추억의 조각들을 하나씩 꺼내어 음미해 보노라면 청정한 바람이 일 듯 우리 마음에 환한 미소를 머금게 해준다. 뒤늦게 시집을 간 순덕이 누나의 미소가 되살아나고, 집 나간 아들을 기다리던 정용 엄마의 그늘진 얼굴이 함께 추억의 방에서 기다린다. 슬픔을 머금은 추억이든, 아름다운 그림 같은 추억이든 그 추억의 날개를 달고 한참을 날다보면 그늘진 얼굴에 햇빛이 비추고, 온 몸에 흐뭇한 기운이 감돌게 되는 것을 느낄 것이다.

어쩌면 앞산 가득 되살아나는 유년의 아련한 추억들이 오늘 우리의 삶을 이어가게 하는지도 모른다. 책상 서랍 속에나 박혀 있는 빛바랜 사진들을 다시 꺼내어보는 것은 우리의 정신과 의식을 팔아야만 살아갈 수 있는 이 무서운 세상에서, 그 추억의 조각들이 우리의 지친 영혼을 위로해 주기 때문이다. 힘겹고 고달프고 애절하고 가난한 것이기는 하나 그 추억의 조각들은 포근하고 아늑한 어머니품 속 같아서 우리 지친 영혼을 위로한다.

내 유년의 추억의 방은 내 영혼의 작은 섬이다. 흰 치마저고리를 입으신 어머니가 있는 섬, 개울가 정겨운 동무들이 있는 섬, 마루 밑에서 늘어진 잠을 자는 삽살이와 밭두렁에 앉아 가을 햇살을 음미하는 늙은 소가 있는 섬, 산과 실개천과 나무와 꽃이 있는 섬, 언제나 정겨운 이웃집 아주머니의 넉넉한 웃음과 농부 아저씨들의 굵직한 땀방울이 있는 섬, 학교 가는 길가에 함박웃음 머금고 있는 코스모스가 있는 섬, 이 섬의 작은 조각들이 내 영혼의 집을 짓고, 나는 그 집에서 지금까지 살아가고 있는 것이다.

추억의 방문을 열고 소풍을 떠나자

눈을 살며시 감고 나의 추억의 방문을 열면, 한 소년이 징검다리를 건너고 있어요. 한 손에는 노란 주전자를 다른 한 손에는 무엇을 싼 보자기를 들고 있네요. 아, 그렇군요. 봄 논에 거름을 주고 물을 댄 후 써래질을 하시는 아버지께 드릴 시원한 막걸리를 담아가고 있군요. 아니! 그런데 그 소년은 개울가에 서서 주변을 살피더니 자리에 그만 주저앉고 주전자 입구에 입을 대고 꿀꺽 시원하게 한모금 마시더니, 보자기를 풀어 김치 한조각을 입안에

넣는 게 아니겠어요? 잠시 후 소년은 다시 주변을 두어번 두리번거리더니 또 한모금, 그리고 김치 한조각…….

가을 햇살은 따사로이 내리고, 먼 산에는 구름 식구들이 소풍 가는지 싱긋 한번 웃어 주고요, 솔바람은 소년의 이마를 스치며 유혹을 하네요. 이내 소년의 기분이 굉장히 좋아지고, 소년은 개울가에 두 다리를 쭉 뻗고 어느덧 구름 식구와 함께 즐거운 봄 소풍을 떠납니다.

아니, 안개가 자욱해지더니 그림이 사라졌어요. 금방 햇님이 얼굴을 내밀어 햇살을 맑게 뿌리고 시원한 개울물이 흐르고, 그 옆에는 땅콩밭, 고구마밭이 보이네요. 아까 그 소년이 동무들과 함께 잘 보이지도 않는 '새끼고추'를 손으로 가리고 개울가로 뛰어들고 있어요. 아! 물론 막걸리 마시던 그림과는 다른 장면이지요. 그 소년과 동무들은 이내 물 속으로 둥근 수박과 참외를 서로 던지고 받으며 놉니다. 그러다가 수박에 멍이 들고 깨지면, 오줌 섞인 개울물과 범벅이 된 수박을 서로 나누어 먹고 누런 이를 드러내 보이며 서로 웃네요.

아까 그 소년이 개울둑에 앉아 있어요. 혼자가 아닌 모양이네요. 누렁이와 슬픈 눈빛을 주고받으며 있어요. 소년은 누렁이의 머리를 쓰다듬으며 눈물을 글썽이네요.

"미리야(메리라는 개이름)! 우리 엄마가 오늘 너를 개장사에게 파신데, 어떡하면 좋으니. ……너 이거 먹어."

바지 주머니에서 보름달 빵을 꺼내 누렁이에게 떼어주며 글썽이는 소년,

아무 영문도 모른 채 맛있게 먹는 누렁이. 그러나 누렁이도 이내 이별을 눈치챘는지 눈가에 눈물이 고였습니다.

"미리야! 너 어서 도망가. 우리집에 다시는 오지마. 집에 오면 넌 죽어."

소년은 다시 빵을 누렁이 입에 넣어주며 자리에서 일어나 아지랑이 피어오르는 봄길을 달려갑니다. 그러나 소년의 뒤를 쫓아오는 누렁이. 다시 소년은 누렁이 목을 끌어안고 엉엉 소리내어 울고, 멍청하게 키만 큰 미루나무는 무엇이 그리 좋은지 몸둥이를 동에서 서로, 서에서 동으로 움직이며 신나게 춤을 춥니다.

소년이 봄산을 오르고 있어요. 소년은 신이 나서 앞장을 서고, 형은 삽과 괭이를 어깨에 매고 뒤따라오고……. 엉덩이를 실룩거리며 산을 오르는 소년은 마냥 즐거워하네요.

"형아! 이걸루 할까?"

"아니, 조금만 더 올라가 보면 더 큰 것이 있을 거야."

황토산을 타고 조금 가다가 멈춰선 형은 동생을 부릅니다.

"희동아! 이걸루 하자. 줄기를 보면 굉장하겠는걸?"

우선 삽으로 겉흙을 걷어내고 조금 깊어지면 괭이로 흙을 파내는 형, 그 옆에서 쪼그려 앉아 바라보는 동생.

"형아! 칡뿌리 머리가 굉장한 걸?"

"그래. 우리가 캔 것 중에 제일 큰 것 같다."

"오늘은 이거 하나만 캐도 되겠어."

형제가 번갈아 흙을 파고 퍼내고, 다시 파고 퍼내고 하는 사이 칡뿌리는 부끄러운 몸을 드러내고 하늘 한가운데를 지나던 햇님도 힐끗 바라봅니다. 다리가 두 갈래로 난 것을 보니 칡뿌리는 암놈인 게 분명합니다. 알도 통통하게 밴 것이 맛있게 생겼습니다. 그러나 문제는 형의 다리통보다도 동생의 허리통보다도 큰 칡뿌리를 어떻게 들고 가느냐입니다. 소년은 삽과 괭이를 들고 형은 어깨에 칡뿌리를 짊어지고 끙끙 산을 내려옵니다. 칡뿌리가 너무 무거워 형제가 산을 내려오는지, 산이 형제를 업고 내려오는지 모르게 집으로 왔습니다.

서울에 사는 이모, 옆집에 사는 주막집 아저씨와 함께 칡을 나누어 먹고 즐거워하는 형제…….

설렘, 무소유 그리고 자연과 하나되는 소풍

그림처럼 펼쳐진 우리 유년의 삶은 소풍과 같았다. 설렘이 있고, 즐거움이 있고, 여유로움이 있는 소풍……. 동무들과 더불어 앞산 뒷산 뛰어놀던 소풍길은 마냥 즐거웠다.

그러나 지금 우리는 도시 한복판에서 두 눈 부릅뜨고 '네가 죽지 않으면 내가 죽는다'는 식으로 하루하루를 살아간다. 새소리, 바람소리, 물소리 대신에 전철소리, 자동차소리, 기계소리를 들으며 살아간다. 땅 싸움, 돈 싸움에 종교 싸움까지 한순간도 조용할 날이 없다. 아이들은 소풍과 같은 삶을 살지만, 어른들은 소풍을 즐기지 못하고 망치려고만 한다.

우리 인생은 소풍과 같은 삶이다. 우리 누구나 소풍을 떠나기 전날 밤에 밤하늘을 보며 잠 못이뤘던 시절을 기억할 것이다.

"별님, 밤새 반짝반짝 눈을 뜨고 계세요. 그래야 내일 아침에 햇님이 뜨고, 우리들은 소풍을 떠날 수 있어요. 별님, 두눈 감고 있으면 정말 안돼요?"

별들이 잠들지 않고 꼬박 밤을 새운 덕에 소풍가는 날은 햇님도 함께 떠나는 즐거운 날이다. 동무들과 손잡고 떠나는 소풍길은 즐거움의 길, 가벼움의 길, 넉넉함의 길이다. 이것저것 가방에 가득 담아 자기만 먹고 즐기는 길이 아니다.

이른 아침 엄마가 싸주신 김밥, 찐 계란, 사이다 한병 그리고 선생님께 드릴 담배 한갑이 전부이다. 그리고 혼자 가는 길은 외롭고 쓸쓸하지만 동무들과 함께 걷는 소풍길은 신나는 길이다. 비록 김밥 한덩이, 사이다 한병이지만, 친구들과 나누어 먹는 소풍길은 넉넉한 길이다. 무엇을 이루러 가는 길이 아니니 소풍길은 '무소유'의 길이다. 소풍길은 마음을 비우고 손에 쥔 것을 놓고 가는 길이기에 가벼운 길이다.

소풍길은 무엇보다 자연과 내가 하나되는 길이다. 소나무 숲을 지나고 개울을 건너고, 산새소리 들으며 사람과 자연이 어깨동무하는 길이다. 소풍길은 사람만의 길이 아니라 사람과 자연이 더불어 가는 길이다. 사람이 자연의 품에 안기는 길이요, 자연이 사람 품에 안기는 길이다. 넓은 공터에 모여 앉아 노래자랑을 하면 주변의 굴참나무도, 다람쥐도, 너구리도 함께 노래하며 즐거워한다.

소풍오신 예수

2000년 전 아기 예수는 이 세상에 왜 오셨을까? 하늘에서 이 세상으로 소풍을 오신 것이다.

하나님 아버지께,

"하나님 아버지, 잠시 저 세상으로 소풍 좀 다녀오겠습니다."

"즐겁고 신나는 소풍이 되거라."

그렇다. 아기 예수는 서로 사랑하며 재미있게 소풍과 같은 삶을 살려고 이 세상에 오신 것이다. 마리아가 노래하듯이 "마음이 교만한 자들을 흩으시고 권세 있는 자들을 그 자리에서 내치시고 보잘것없는 이들을 높이셨으며 배고픈 사람은 좋은 것으로 배불리시고 부유한 사람은 빈손으로 돌려보내시기 위해 오셨다."(눅 1:51~53)

우리가 떠나는 소풍길에는 높은 사람 낮은 사람, 가난한 사람 부유한 사람, 교만한 사람 권세 있는 사람이 있는가. 모두가 같은 사람, 같은 동무들, 어깨 걸고 놀 수 있는 친구들만이 있다. 바로 마리아의 노래처럼 아기 예수님은 높고 낮은, 지배하고 지배받는, 부유하고 가난한 모든 것을 흩으시고 모든 사람과 그 관계를 친구의 관계, 동등하고 평등한 관계로 만드셔서 정말 인생을 소풍길처럼 재미있고 멋있게 살게 하려고 오셨다.

그런데 이 세상에 와보니 소풍길이 아니다. 서로 다투고 논쟁하고 약한 사람을 괴롭히고, 서로 높은 자리에 올라가려 하고, 죄인들을 잡아간다. 이건 소풍이 아니다. 심지어는 예수님까지 잡아죽이려고 한다.

예수님께서 궁극적으로 이 세상에 오셔서 하신 것이 무엇인가?

"이 세상 사람들아, 인생은 소풍놀이란 말이네. 뭘 그리 심각하게 생각하나. 서로 등 두드려주고 어깨 걸고 손 마주잡고 서로 평등한 동무요, 친구로 만나 즐겁게 소풍놀이하는 것이 하늘 아버지께서 원하시는 삶이란 말이야. 그래서 나도 이 세상에 소풍놀이 온 것이네. 그러니 재물이 어떻고, 땅이 어떻고, 권세가 어떻고, 종교가 어떻고 서로 다투고 싸우며 살지 말고 즐겁고 멋지게 놀자는 말이네. 인생은 소풍이라네." 이 말씀을 전하러 오신 것이다.

그런데 유대 종교지도자들과 바리새인들과 대제사장들과 로마의 위정자들은, "뭐 인생이 소풍놀이라고? 그렇게 심한 말을, 인생은 놀이가 아니라 힘있는 사람들이 지배하며 그 권세를 누리며 사는 것이 인생이란 말이야. 그런데 네가 감히 인생을 농락하는구나. 그래, 인생이 무엇인지 한번 그 맛을 보여주지."

그래서 그들은 예수를 그들의 종교적 힘과 정치적 힘을 앞세워 십자가에 매달아 죽였던 것이다.

마치 어린아이들이 소풍길을 떠나는데, 어른들이 그것을 애들 장난이라고 방해하고 훼방놓는 것과 같다.

전도서 기자는 우리에게 하나님의 뜻을 전해주었다.

"멋지게 잘 사는 것은 하늘 아래서 수고한 보람으로 먹고 마시며 즐기는 일이다." (5:18)

"하나님께서는 사람들이 행복하게 살기만 바라시니, 인생을 너무 심각하게 생각하지 말라." (5:20)

마치 우리가 어릴 적 소풍놀이하며 먹고 마시며 즐기던 것이 인생이라 하신다. 우리는 너무 인생을 심각하게 생각한다. 친구들과 가족들과 소꿉놀이하듯 살다가도 너무 심각한 나머지 절망하기도 하고 남의 것을 탐하기도 하며 서로 상처를 주기도 한다.

소풍처럼 살다간 조선인

지금은 인생을 너무 심각하게 생각한 나머지 서로 아웅다웅 다투며 정신

없이 살지만, 원래 조선인은 대체로 소풍 같은 삶을 좋아했다. 언제나 소풍 떠나는 나그네요, 소풍을 떠나는 어린아이의 삶이었다.

조선인은 음주가무를 좋아했고, 자연과 더불어 지내기를 좋아했다. 이것을 다른 말로 하면 풍류風流정신이라 할 수 있다. 나의 신학적 스승이신 유동식 선생은 우리 민족사상의 근원을 '風流道'에 있다고 보았다. 유선생은 한국의 풍류도를 '한 멋진 삶'으로 설명하신다. '한'에는 하나, 하늘, 우주, 크다, 전체, 아우르다 등의 초월적이며 종교적인 뜻을 가지고 있고, '멋'에는 흥과 율동, 조화와 자연스러움, 자유와 같은 문화 예술적 뜻을 담고 있다. 그리고 '삶'에는 생명이라는 생물학적 개념과 살림살이라는 사회적 개념이 동시에 포함되어 있다.

풍류정신은 소풍정신이다. '소풍길'에는 하나님과 사람, 사람과 자연이 하나되게 하는 '한'이 있고, 사람과 사람, 자연과 사람이 한데 어우러져 춤을 추고 노래하는 가무가 있다. 이런 삶은 내가 살아가는 것 같으나 하나님과 더불어가는 '삶의 성화'가 이루어진다. 그러므로 소풍은 내 안에 무궁한 우주를 모시는 거룩한 종교적 행위인 것이다.

그리고 소풍에는 일상생활에 생명력과 창조력을 심어주는 삶의 기운이 있다. 소풍은 일상에 얽매이지 않고 삶의 울타리를 벗어나 자유하고 창조적인 세계로 우리를 인도한다. 무한한 상상의 나래를 펴고 좁고 답답한 인간사를 뛰어넘어 새로운 인간으로 변화시켜 준다. 그래서 소풍은 우주의 신령한 기운을 더해준다.

전쟁이 일어나고 나라를 빼앗기는 위급한 상황에서도 우리 민족은 이러한 소풍정신, 풍류정신의 여유로움 속에서 나라를 위기에서 구할 수 있는 힘을 얻곤 했다. 감옥에 갇힌 문익환 목사님은 사랑하는 아내를 위해 감옥에서 십자수를 놓는 여유로움과 아름다움을 잃지 않았다. 비록 갇힌 몸이었지만, 소풍 온 마음으로 감옥의 답답하고 어두운 마음을 이겨낼 수 있었다. 그의 이러한 어린아이와 같은 소풍정신이 휴전선 철조망을 넘고 남과 북이 함께 손잡고 통일의 소풍을 떠나는 꿈을 꿀 수 있었으며, 또 꿈을 이룰 수 있었다.

소풍정신은 하나님의 마음

예수께서 예루살렘에 입성하실 때에, 그곳에 들어가는 것이 이미 예고된 죽음의 입성인 것을 알았지만, 나귀 타고 춤추며 들어가셨다. 사람들은 호산나 호산나 환호했다. 이 광경은 소풍 온 사람의 모습과 같다고 할 수 있다. 내일 죽을 것을 알고도 춤을 추고 노래를 부를 수 있는 것은, 이 세상의 현실에 집착하지 않는 어릴 적 동무들과 욕심 없이 즐겁고 여유롭게 놀았던 소풍놀이와 같은 모습이다. 현실의 도그마에 얽매여 있지 않고 엉성함 속에 따스함이 있고 비여 있음 속에 꽉차 있는 것이 어릴 적 소풍놀이였다.

우리는 이 세상에 소풍 온 사람들이다. 하나님의 품에 있다가 동무들과 흥겹고 멋지게 살기 위해 이 세상에 소풍 온 것이다. 우리 주님께서 말씀의 자리에 있다가 사람이 되어 이 세상에 소풍 오신 것처럼, 우리들도 소풍 온 마음으로 동무들과 어깨동무하고 즐겁게 살다가 다시 하나님의 품으로 돌아갈 사람들이다.

이 세상에 온 우리들은 소풍과 같은 삶, 소풍과 같은 마음을 품고 살아가야 한다. 소풍과 같은 마음은 하나님의 마음이요, 그리스도 예수의 마음이다. 어릴 적 떠났던 소풍길처럼 빈손으로 왔다가 빈손으로 가는 무소유의 길, 동무들과 손잡고 떠나는 흥겨움의 길, 미지의 세계로 떠나는 설렘의 소풍길을 떠나보자. 그것은 바로 우리 신앙인이 걸어야 할 구원의 길이다.

여기 천상의 시인 천상병님의 시가 오늘 우리의 복음이다. 눈을 감고, 가만히 우리의 영혼으로 시를 읽어가 보자. 그러면 우리 마음 속에 하나님의 마음, 소풍과 같은 여유로움이 찾아올 것이다.

귀천

나 하늘로 돌아가리라
새벽빛 와 닿으면 스러지는
이슬 더불어 손에 손을 잡고,

나 하늘로 돌아가리라
노을빛 함께 단 둘이서
기슭에서 놀다가 구름 손짓하며는,

나 하늘로 돌아가리라
아름다운 이 세상 소풍 끝내는 날,
가서, 아름다웠더라고 말하리라……

5

님, 그리움 그리고 하나님

'主초'는 나의 '님'이시라
하나님은 그리움이시다
北山은 그리움의 산이다
하늘냄새

'주主'는 나의 '님'이시라

아름다운 우리말, 님

우리말은 참 아름답고 뜻이 깊으며 또 그 표현이 넓고 다양하다. 꽃 하나를 표현할 때도 화사하다, 눈부시다, 영롱하다, 아리땁다, 소담하다 등등이 있다. 심지어 맛을 표현하는 우리말은 39가지나 된다고 한다. 또한 사람의 기질도 맛으로 표현하기도 한다. "저 사람 질기구먼, 되게 짜게 구네, 신거운 사람 같으니라고" 하는 표현을 즐겨쓴다.

우리나라 말은 영어나 일본어, 한자보다 그 표현이 넓고 깊다. 한 예로 일본어에는 없는 '모시다' 라는 말은 우리나라 말만이 가질 수 있는 참으로 뜻이 깊고 아름다운 말이다.

"나는 평생 그대를 내 마음에 모시고 살아왔소."

"주님을 내 안에 모십니다."

이 얼마나 아름답고 깊은 뜻을 담고 있는 말인가.

이러한 우리말 가운데 으뜸은 '님' 이라는 말이다.

우리말이 참 재미있는 것은, 몇 해 전에 유행한 노래 가사 중에,

"님이라는 글자에 점 하나를 붙이면 남이 되는 아, 야속한 사람, 돈이라는 글자에 받침 하나 바꾸면 돌이 되는 아, 야속한 세상" 이라는 노래가 있다. 그래서 점 하나에 울고 점 하나에 웃는다는 것이다.

님!

이 말을 듣기만 하여도 설레고 가슴이 뛰는 말이다.

그대는 어떠한가?

님, 이 소리만 들어도 그대 가슴이 마구 뛰는가?

그대 가슴에 아직 님이 살아 계신가? 아직도 그대가 부를 님이 계시다면, 그대의 인생은 눈부시게 빛나리라.

한국인에게 님은 모두이다

그러나 사랑하는 사람만 나의 님인가? 우리 민족은 예로부터 가장 귀한 이를 높여 '님' 이라고 불렀다. 하늘과 임금과 조상과 어른을 님이라 불렀다. 이렇게 윗사람에 대하여 님이라 부르지만, 또 아랫사람이라 해도 우리는 아드님, 따님, 아우님, 벗님이라고 불렀다. 그 중에서도 나그네를 손님이라고 부르는 것은 의미심장하다. 여기서 말하는 '손' 은 '신' 의 다른 말이라고 하지 않는가? 집도 없고 정처 없이 떠도는 사람을 일컬어 손, 즉 신이라고 표현하는 것도 놀라운데, 거기에다 '님' 자를 붙여 그리움과 설렘의 대상으로까지 여긴다는 것은 참 대단하다고 아니할 수 없다.

내가 존경하는 선배 중에 이보철 목사님이 계신데, 그분은 꼭 사적인 모

임에서도 나를 부를 때는 후배님, 채후배님, 이렇게 부른다. 처음에는 그것이 어색했는데, 서로간에 따스한 느낌, 또 풋풋한 그 무엇을 주고받는 것 같아 좋다.

우리나라 사람들은 자기 이름이나 직함을 부를 때, 꼭 '님' 자를 붙여서 부르기를 원한다. 병원에서, 은행에서, 교회에서 누구누구를 부를 때면 어김없이 '님' 자를 붙여 부른다. 교회에서도 누구 목사님, 누구 집사님, 누구 성도님이라 부른다. 누가 나에게 '님' 자를 빼고 내 이름을 부르면 그 사람이 나를 무시하는 것 같아 기분 나빠하는 이가 한국 사람이다.

이처럼 '님' 자를 붙여 부르는 것과 '님' 자를 빼고 부르는 것은 하늘과 땅 차이이다.

외국말은 상대방을 존대하거나 우대하는 표현들이 그리 많지가 않다. 영어는 아이나 어른이나 이름을 함부로 부르고 이리가라 저리가라 하지 않는가? 우리나라 사람들에게는 자기 이외에 모든 이웃은 님이 된다. 만나고 이웃으로 지내며 함께 살아가는 사람들은 모두 나의 님이다. 모든 사람을 자신의 님으로 여기는 마음, 그것이 예수께서 우리에게 가르쳐주신 신앙이 아니고 무엇이겠는가? "네 이웃을 네 몸과 같이 사랑하라" 하신 주님의 이웃사랑을, 우리 민족은 오래전부터 님으로까지 승화하여 사랑하고 공경하며 애타게 불러왔던 것이다.

우리는 '예수'(Jesus)라는 이름에다가 '님' 자를 붙여 '예수님' 이라고 하고, 주인 '주主'에다가 '님' 자를 붙여 '주님' 이라고 부른다. 주님은 우리의 주인되시는 님, 구원의 주인되시는 님이시다. 또 유일하다는 의미로 '하나'에다가 '님' 자를 붙여 '하나님' 이라 부르고, 하늘에 계신 하느님의 의미로

'하늘'에다가 '님' 자를 붙여 '하느님'이라 부른다. 만약에 '님' 자를 붙이지 않았다면 어찌되겠는가. 그냥 '주' '하나' '하늘'이라고만 부른다면, 그것은 우리가 믿는 神의 표현은 아닐 것이다.

이렇게 한국 사람들은 사람이나 혹은 신앙의 대상인 신적 존재에게만 '님'이라 부르지 않는다. 우리 선조들은 심지어 들에 핀 들꽃은 '꽃님'이라고 부르고, 또 이름모를 여러 풀은 '풀님'이라 부르며, 밤하늘에 떠오른 '달님', 아침 하늘에 '햇님', 심지어는 농사도구인 쟁기님, 삽님, 괭이님, 장을 담그는 항아리님 등 모든 사물을 '님'이라고 부른다. 우리는 어찌하여 이렇게 사람뿐만 아니라 사물, 모든 살아 있는 생명체에 대하여 '님'이라 부르는가.

옛날 고려시대에 악장가사에 실린 가요 중에 「가시리」라는 노래가 있다. 그 노래는 "설운 님 보내옵나니 가시는 듯 도셔 오소서. 얄리 얄리 얄라성 얄라리 야알라"라고 했다. 시인 김지하는 "가시리 가시리를 부르며 보내는 이의 마음 속 님은 서러운 그리움, 가시는 듯 그렇게 돌아오시는 이의 마음 깊은 곳, 그것을 님"이라 풀었다.

님은 사랑스러운 존재이지만, 그립고 애달픈 존재이다. 가시는 듯, 그렇게 돌아오시는 님, 또 나에게 다가오다가도 또 점점 멀어지는 님, 이렇게 우리 민족은 이 님이라는 말에 많은 뜻과 깊은 의미를 담고, 인생을 아름답고 멋지고 가슴 뜨겁게 살아왔다.

'주'는 나의 '님'이시라
아가서는 달콤한 님의 입술을 노래한다.

"뜨거운 님의 입술, 포도주보다 달콤한 님의 사랑, 님의 향내, 그지없이 싱그럽고 님의 이름, 따라놓은 향수 같아…… 님을 따라 달음질치고 싶어라."(아 1:1~4)

시무언 이용도 목사는 예수님을 신랑되는 '님'으로 생각하며, 신랑과 사랑을 나누는 신부가 곧 신앙인라고 말했다.

"그의 품에 안기라. 그리고 세상을 다 버리라. 주님의 사랑을 잡으라. 그러면, 신의 사랑과 그 애무를 받게 된다. 주의 사랑의 손이 그대를 만지시고 입술이 그대를 접촉하시나니, 오 그대여 즐거워하고 기뻐하라. 그대의 옛사람은 변하여 새로운 사람이 되리니 그대의 혼은 변하여 거룩해지리라."

아가서 기자는 여호와 하나님을 신랑으로, 이스라엘을 신부로 생각하고 여호와 하나님에 대한 이스라엘 백성의 뜨거운 사랑을 그리고 있다. 이용도 목사 또한 신랑되시는 주님과 서로 사랑을 나누는 것을 참 신앙의 모습으로 묘사하고 있다. 사랑하는 님과 사랑을 나누는 그 아름답고 달콤한 사랑을 신앙이라 고백하고 있는 것이다.

그러나 사랑하는 님과 영원히 사랑하고 달콤한 향기를 맡으며 영원히 살 수는 없다. 님과의 만남은 그렇게 달콤하며 아름다우며 행복하지만은 않다. 만남이 있으면 헤어짐이 있듯이 님은 헤어짐이며 그리움이며 애달픔이다.

예수님은 십자가에 달려 우리 곁을 떠나가셨다. 무덤 맞은편에 막달라 마리아와 요셉의 어머니 마리아와 제자들이 있었다. 그들은 님을 떠나보내고 가슴 아파했다. 떠나간 님, 다시는 볼 수 없는 님, 저 멀리 알 수 없는 미지의 세계로 돌아가신 님, 그 사랑하는 님을 어찌 볼 수 있으랴……. 그들은 예수의 무덤 맞은 편에 앉아 떠나간 님을 그리워하며 슬퍼하고 있었다.

이처럼 님은 우리가 어찌할 수 없는 존재이다. 그저 애타게 그리워만 해야 하는 존재, 영원한 내 마음의 사랑, 그 애달픈 사랑, 그것으로 우리는 살아간다.

우리가 떠나간 님을 애타게 그리워하고 부르면, 님은 내 마음 속에 다시 되살아나 나를 깨우고 나를 살린다. 십자가에 달려 죽으신 님은 우리가 그리워하고 애타게 부르면, 다시 내 마음 속에 부활하시어 우리의 영원한 님이 되신다.

님은 나의 생명

우리가 예수님을 만나 손을 잡을 수 없고 입맞춤을 할 수 없지만, 그는 우리 안에 영원히 살아 있는 우리의 '님'이다. 우리가 그 님을 애달프게 그리워하고 사랑한다면 우리는 매일 님을 만날 수 있고 님의 향기를 맡을 수 있다.

이처럼 님의 얼굴은 볼 수 없고 만질 수 없어도, 님은 우리 안에 언제나 살아 있고, 또 앞서서 우리를 새로운 세계로 인도한다.

7, 80년대 그 암울했던 시절, 군사독재의 서슬 퍼런 탄압과 압제 아래 떨고 있던 우리는 모두 다음과 같은 노래를 부르고 일어섰다.

> 사랑도 명예도 이름도 남김없이 한평생 나가자던 뜨거운 맹세
> 동지는 간데 없고 깃발만 나부껴 새 날이 올 때까지 흔들리지 말자
> 세월은 흘러가도 산천은 안다 깨어나서 외치는 끝없는 함성
> 앞서서 나가니 산 자여 따르라 앞서서 나가니 산 자여 따르라
> ― 님을 위한 행진곡

이 노래처럼, 님은 사랑도 명예도 이름도 남김없이 한평생 새 날을 위해 자신을 바치고 떠나간 님, 세월은 흘러가도 언제나 깨어나 외치는 님, 우리보다 앞서가서 우리를 새로운 세계로 부르는 님, 그것이 님이다.

그래서 우리 가슴 속에는 우리보다 앞서서 역사와 민족을 살아가신 김구 선생, 윤동주 시인, 함석헌 선생, 문익환 목사 같은 분들을 우리의 님으로 그리며 살아간다.

님의 존재는 사랑하는 사람만을 지칭하지 않는다. 우리가 가야 할 앞선 세계로 인도하는 그 무엇. 우리가 깊이 잠들어 현실의 세계에 빠져 헤매고 있을 때, 우리를 흔들어 깨워주는 그 무엇. 찬바람 불고 눈보라 몰아치고 쓰러져 일어설 수 없을 때, 우리를 일으켜 세우는 그 무엇. 그래서 님은 우리의 주님이다.

지금, 예수를 그리워하는 것이 아니라 예수 '님'을 그리워 해보자. 그리고 마침내 우리 자신이 누군가의 '님'이 되어 보자. 우리가 사랑하는 아내, 사랑하는 남편 혹은 교인, 이웃, 꽃과 바람, 바위와 강, 이 모든 존재의 힘이 되고 희망이 되고 깨어나게 하는 아름다운 님이 된다면, 우리의 인생은 참으로 복되고 아름다운 존재가 될 것이다.

그대는 나의 '님' 이시라.

하나님은 그리움이시다

그대를 그리워하는 것만으로도 나는 행복하다

지금 누군가를 그리워하고 있다면 당신은 행복한 사람이다. 누군가를 그리워하는 순간만큼은 당신은 혼자가 아니며, 누군가를 그리워하는 순간만큼은 당신의 가슴이 살아 있기 때문이다.

창문을 열고 바람을 맞으면 그리워하는 이의 숨결이 묻어나는 듯하고, 엷은 햇살이 눈가에 내리면 그리워하는 이의 눈빛이 쏟아지는 듯하고, 담장에 핀 노란 나팔꽃에 입맞춤하면 그리워하는 이의 입술이 와닿는 듯하여 그리운 이를 그리워하는 순간만큼은 당신은 행복감에 젖어 어찌할 바를 모른다.

그리워하면 할수록 그리운 이의 얼굴이 내게로 달려들고, 그리워하면 할수록 그리운 이의 손이 잡힐 듯하고, 그리워하면 할수록 그리운 이의 말이 내 가슴 속에 고동친다. 그리워하면 할수록 그리운 이의 숨소리가 내 마음 속에서 들려, 그리운 이를 그리워하는 순간만큼은 당신의 가슴은 뜨겁게 달아오른다.

    이룰 수 없는 사랑, 만날 수 없는 사람, 언제나 그리움 속에 묻혀 살지만 사랑하는 사람을 그리워하는 것만으로도 우리는 행복할 수 있다. 그래서 우리는 외롭고 힘겨울 때마다 그리운 이의 얼굴을 떠올리며, 그리운 이의 소리를 들으며, 그리운 이와의 아름다웠던 추억들을 생각한다.

    그러나 그리움이 우리에게 어찌 행복감만을 안겨주겠는가. 그리움은 밤지새움이며, 눈물겨움이며, 안타까움이며, 아득함이며, 아련함이며, 한 숨이며, 이룰 수 없음이며, 창 밖의 그 무엇이다. 그래서 그리움은 아픔이요, 눈물 한방울이다.

    그대를 그리워하면 할수록 그대의 손은 점점 멀어지고, 그대의 미소는 점점 희미해지고, 그대의 얼굴은 점점 아득해지고, 그대에 대한 눈빛은 점점 빛을 잃어가고, 기억은 점점 사라지고, 그대를 만날 수 없음에 가슴 아파하고, 이룰 수 없는 사랑에 눈물겹고, 그대를 그리워하면 할수록 점점 멀어지는 그대를 잡을 수 없음에 쓰린 가슴 어찌할 줄을 모른다.

    우리가 누군가를 사무치게 그리워한다는 것, 그것은 설렘이면서 눈물겨움이다.

    그리움이란 언제나 그런 것인지 모른다. 그러나 그리움이 미소와 눈물을 동시에 주지만 우리가 누군가를 그리워한다는 것은 아직 우리의 가슴이 살아 있다는 것이요, 우리가 누군가를 사무치게 그리워한다는 것은 아직 우리의 사랑이 식지 않았다는 것이다.

    오늘 우리가 누군가를 애절하게 그리워하고 있다는 것은 '내가' '그'를 만날 준비가 되어 있다는 것이다.

하나님, 아침햇살이 내 이마에 와닿으면 당신이 그리워집니다

다윗은 시편 63편에 하나님을 애절하게 그리워하는 글을 남겼다. 그는 이 글에서 사랑하는 연인처럼 하나님에 대한 그리움에 사무쳐 잠 못이루고 있다.

"내 마음 당신 찾아 목이 마르고, 이 육신 당신 그려 지쳤사옵니다."

"잠자리에 들어서도 당신 생각, 밤을 새워가며 당신 생각뿐"

하나님을 그리워하는 다윗의 애절한 심정이 담겨 있다.

우리는 하나님을 그리워하는 마음으로 살아간다. 우리가 하나님을 사무치게 그리워하지 않는다면 우리는 하나님을 만날 수 없을 뿐만 아니라 하나님을 믿는다고 할 수도 없기 때문이다. 골방에 앉아 두 손을 모으고 하나님을 그리는 것이 기도요, 거리에서 하나님의 사랑을 그리며 그 사랑을 실천하는 것이 그리워하는 자의 삶이다.

하나님을 그리워하는 것이 우리 신앙의 힘이요, 믿음이요, 은총이다. 우리가 하나님을 그리워하는 것이 바로 우리 삶의 양식이요, 힘이요, 원천이다. 하나님에 대한 그리움이 우리를 살리고, 우리를 새롭게 변화시키며, 우리를 아름답게 만들며, 우리를 구원으로 인도한다.

하나님에 대한 그리움은 맑고 깨끗한 봄 햇살처럼 찾아오며, 하나님을 그리워하는 마음은 달빛에 묻어오기도 하며, 하나님을 그리워하는 신앙은 순례자의 처진 어깨 너머로 오며, 하나님을 그리워하는 가슴은 어린아이의 초롱한 눈망울에서 오며, 하나님에 대한 그리움은 바람결에 나풀나풀 춤을 추는 패랭이꽃에서 오며, 하나님에 대한 애절한 그리움은 깊은 산 속 오소리 할아버지의 수염에서 오기도 한다.

하나님
당신이 그리워집니다

봄 햇살 이마에 와 닿으면
당신이 그리워집니다

깊은 밤 홀로 달빛 맞으면
하나님 당신이 그리워집니다

내가 하나님을 그리워하는 건
하나님이
나를 그리워하시기 때문입니다

내가 하나님을 하루종일 그리워하면
하나님은
영원토록 나를 그리워하십니다

힘겨운 저녁 길 지치고 허리 굽은 내 인생길
하나님 당신을 그리는 마음
내 삶의 양식이 됩니다

하나님
나를 그리워하소서

하나님이 그리워집니다

    사람만 하나님을 그리워하는가? 하나님도 사람을 그리워하고 계신다. 하나님도 당신이 만든 피조물을 애타게 그리워하고 계신다. 하나님은 우리가 하나님을 사랑하고 그리워하는 것보다 더 사무치게 우리를 그리워하고 계신다.

하나님은 이스라엘 민족을 사무치게 그리워하신 나머지 가만히 계시지 못하고 고통받고 억압당하는 그들을 애굽에서 해방시켜 주셨다. 하나님은 당신이 만드신 사람을 너무 그리워하셔서 당신의 아들, 예수 그리스도를 우리에게 보내주셨다. 이처럼 하나님의 그리움은 사랑으로 나타났고 구원으로 완성되었다.

하나님은 지금 이 순간에도 우리를 그리워하고 계시지만, 하나님에 대한 우리의 그리움이 식어서 하나님은 아파하고 계신다. 하나님은 밤을 지새우며 우리를 그리워하고 계시지만, 우리가 하나님을 향하여 마음 문을 닫아버려 하나님의 그리움은 우리에게 이르지 못한다. 하나님은 영원토록 우리를 그리워하고 계시지만, 우리의 그리움은 필요에 따라서 하나님을 찾는 기회주의적 그리움이기에 하나님은 이 밤에도 눈물짓고 계신다.

그리움은 성령의 통신매체

그리움은 사랑의 다리이다. 그리움은 사랑하는 사람 사이에 다리를 놓고 서로에 대한 사랑이 영원하도록 해준다. 그리움은 그대와 나 사이에 식지 않는 생명의 불꽃이다. 그리움은 우리가 그리워하는 이와 하나가 되게 하는 힘이며, 영원 속에서 살도록 해주는 힘이다.

그리움은 눈으로 보이는 세계가 아니다. 그리움은 손으로 만질 수 있는 성질의 것이 아니며, 머리 속으로 계산하여 저장할 수 있는 것도 아니다. 그리움은 영원 속에서 영원으로 살아나는 불꽃이다. 그리움은 산 자뿐만 아니라 죽은 자와 만날 수 있게 하며, 그 옛날 선조들의 아름다운 이야기를 만나게 해준다. 그리움은 시간과 공간을 초월하며 이승과 저승을 넘어 만나게 해주는 위대한 힘이다.

그래서 그리움은 생명의 불꽃이요, 성령의 통신매체이다. 성령은 사람에게 그리움을 은총으로 주셨으며, 성령은 그리움으로 말씀하시며, 성령은 그리움으로 역사하시며, 성령은 그리움으로 교통하신다. 성령은 햇살처럼 그리움을 싣고 우리에게 하나님의 마음을 안겨주며, 성령은 바람처럼 그리움을 싣고 하나님께 우리의 마음을 전해준다. 성령은 그리움으로 하나님과 우리 사이에 구원의 다리를 놓아주신다.

하나님은 그리움이시다

그리움은 하나님께 속한 것이다. 그리움은 하나님께로부터 난 것이다. 그러므로 그리움은 우리의 일이 아니라 하나님께 속한 것이다. 그리움은 하나님을 우리가 표현하는 것이요, 하나님을 전하는 것이요, 하나님을 말하는 것이요, 하나님을 주는 것이요, 하나님을 받는 것이요, 하나님을 나누는 것이다.

그래서 하나님은 그리움이시다. 말씀이 하나님이신 것처럼 그리움이 하나님이시다. 그리움은 하나님을 드러내는 것이요, 하나님을 우주에 담는 것이요, 만물과 더불어 하나가 되게 하는 것이요, 그리스도 예수와 일체가 되게 하는 것이다.

"한 처음 천지가 창조되기 전부터 말씀이 계신 것"(요 1:1)처럼 태초에 말씀과 함께 그리움이 있었다. 그리움이신 하나님께서 천지를 창조하실 때 그리움을 우리의 마음에 부어주시고, 그 그리움으로 살아가도록 만드셨다. 하나님의 그리움은 사람에게도 풀과 돌과 바다와 별과 새에도 담겨져 있고, 우주만물이 그리움으로 돌아가며, 그리움으로 하나님께 이르도록 하셨다.

외롭고 고독한 시절에 그리움이신 하나님을 사무치게 그리워하자. 잠 못 이루며 눈물겹도록 하나님을 그리워하자. 그리고 성령의 통신매체인 그리움으로 사랑하는 이에게 다가가 사랑의 꽃을 전해보자.

우리가 "하나님의 웃는 얼굴"(시 31:16)을 사무치게 그리워하면 우리 안에 하나님의 웃는 얼굴이 환히 떠오를 것이다.

하나님은 그리움이시다.

北山은 그리움의 산이다
— 北山 최완택론

北山, 최완택

北山은 민들레교회 '최완택 목사'를 부를 때 쓰는 이름이다. 왠지 '최완택 목사' 하면, 좀 어렵게 느껴지지만, '北山' 하고 호號를 부르면 친근한 감이 든다. '최완택 목사' 하면 나의 大(?)선배 목사님이 되시고, 선생님이 되시며, 감히 얼굴 한번 바로 볼 수 없는 분이지만, 北山은 나의 다정한 벗이요, 길동무이다. 그래서 나는 여기에서 최완택 목사에게 말하는 것이 아니라 내 친구 北山에게 말하는 것이다.

北山과 나는 두 주일에 한번씩 만난다. 산에서 만나는 것은 빼고, 물론 서울 한복판에서 만난다. ≪민들레교회이야기≫를 인쇄하기 위해서이다. 을지로 인쇄 골목에서 만나 인쇄물을 맡기고 나면 약 두 시간쯤 남는데, 우리는 시장을 구경하기도 하고, 거리를 어슬렁거리기도 한다. 배가 고프면 자장면도 먹고, 파전도 먹고, 우동도 먹고, 칼국수도 먹고 그리고 삼겹살도 먹고,

먹고, 또 먹고……. 그동안 北山을 만나 먹은 가지 수가 너무 많아 다 기억할 수 없다. 그러나 분명한 것은 내 친구 北山은 2주에 한번씩 나에게 저녁밥을 사주는 것을 '전지전능하신 하나님'의 명령처럼 여긴다는 것이다.

北山은 언제나 나를 챙겨주기에 바쁘다. 밥은 제때에 먹었는지, 잠자는 곳 — 집이 아니니까 — 은 춥지 않은지, 어디 아픈 데는 없는지……. 꼭 자상하신 우리 엄마 같다. 그래서일까? 나는 北山을 만나면 능구렁이가 된다. 나는 北山을 만날 때면 실수를 곧잘 하는데 — 주로 시간 약속에 있어서 — 실수를 하고 잘못을 저지르면 나는 구렁이 담 넘어가듯 능글거리는 일이 많다. 이에 北山은 한번의 미소로 받아준다. 내 모습이 그리 밉지는 않은 모양이다.

北山과 오르는 山

北山은 나를 만나면 언제나 山에 가자고 꼬드긴다. 내게로 전화할 때도 다른 문제로 한 것 같지만 종국에는 山에 가자고 전화한 것임을 금방 알 수 있다. 지난 수요일에는 몸이 좀 안 좋아 병원에 다닌다는 소식을 듣고 北山은 한생명교회로 전화를 했다. "너 많이 아프니? 몸이 아프면 엄마가 보고 싶은 법이지. 그래 집에 잘 다녀오고 몸 간수 잘해라. 나는 내일 거창에 있는 山에 간다." 北山은 걱정스러운 마음에 전화를 했지만 '나 山에 간다'는 말을 빼놓지 않는다. 그것은 "山에 함께 가자"는 역설적인 의미를 담고 있음을 나는 안다.

나는 北山의 끝없는 꼬드김에 北山과 많은 산을 함께 올랐다. 北山은 언젠가 부산에 있는 문정산에 갈 때인지, 아니면 대덕산에 갈 때인지, 아니면 천태산에 갈 때인지, 아무튼 北山은 기차 안에서 한번 큰기침을 한 후, "내가 명하노니 너를 목산회 부회장으로 명하노라" 하고 근엄한 목소리로 말한 적이 있다. 그것은 北山과 함께 많은 산을 올랐다는 것을 알려준다. 北山과 나는 많은 산을 함께 올랐다. 그러나 1990년 봄날, 北山과 단 둘이 오르던 그 산(오대산)을 나는 지금도 잊지 못한다. 그날 北山과 함께 오르던 오대산에 대한 감상을 나는 일기장에 이렇게 쓴 적이 있다.

> 계곡을 따라 참나무숲 터널을 지나니 표지판이 969M 고지를 알린다. 여기서부터 北山과 나는 인생의 긴 여정을 막 시작하려 한다. 배낭을 다시 고쳐매고, 수건을 목에 두르고 한발두발 내딛어보니, 아! 삶의 처음과 끝이 여기에 있구나. 그래 '역사' 라는 놈도 여기에 있었구나. 커다란 아름드리 나무들, 수백년을 위엄있게 제 힘을 자랑하던 나무들이 쿵쿵 울음을 터뜨리며 쓰러진다. 아니? 저기를 보아라. 역사의 어둔 그림자를 뚫고 일어서는 작은 나무들이 꿈틀꿈틀 고개를 내미는 모습을! 새순마다에 빛나는 눈동자가 우리의 눈을 시리게 한다.
> 北山과 나는 산 능선을 오른 것이 아니라 바로 삶 한가운데, 역사의 한복판을 걷고 있었구나.
> 빈틈없는 안개의 호위護衛를 받고 산 정상에 이르니 北山은 양팔을 벌리고 하늘을 나는 새의 모습이다. 옷을 벗고, 사람의 껍질을 벗고 하늘을 날려 한다. '저는 어디에 속한 사람인가.' 北山은 이 세상에 속한 사람이로되, 산 안에 있으면 이 세상 사람이 아닌 듯하다.
> 그래 자유혼! 北山은 이 시대의 자유혼인 것이다.

진리를 찾고 자유를 누리며 산을 오르는 北山! 내가 지금껏 오른 모든 山은 北山이다. 아니, 어느 산이든 山에는 北山이 있다. 그 산에서 北山은 나에게 어서 자기를 밟고 오르라 손짓한다. 어서 나의 봉우리에 올라 하늘을 보라 한다. 北山을 오르면 세상을 다 품을 수 있고, 침묵의 하나님의 뜻을 어렴풋하게 알아챌 수 있다. 그리고 언제나 北山에 오르면 예수의 맑고 넉넉한 미소를 만날 수 있다.

산에 오르라

산에
그대 있어
산에 오르라
풀잎처럼 자유한 그대
맑은 혼 있어
큰 산처럼 넓은 그대
가슴 있어
나,
산에 오르라

때론
포근한 어머니 품으로
때론
역사를 뚫는 대죽으로
나를 끌어안는
그대 있어
산에 오르라

그대
산 오르면
산이
내가 되고
내가 산이 되고
내가 그대가 되고

우리는 산이다!
우리는 산이다!

산에
그대 있어
산에 오르라

北山은 그리움의 산이다

나는 北山과 산을 오를 때면, 山을 오르지 않고 北山을 오른다. 北山은 하나의 山이다. 내가 오른 北山은 그리움의 山이다. 누군가를 사무치게 그리워하는 北山! 北山은 누구를 그토록 사무치게 그리고 있는 것일까.

하나님은 사람을 만드실 때부터 사람을 그리워하신다. 우리를 그리워하시는 하나님! 어머니가 자식을 그리워하듯 하나님은 끊임없이 사람을 그리워하신다. 우리가 하나님을 버려도 하나님은 우리를 버리지 않고 우리를 그리워하신다. 우리가 죄를 짓고, 하나님을 욕되게 하여도 하나님은 참으시고 그저 하염없이 우리를 그리워하신다. 그래서 하나님은 참 가엾은 분이다. 사람들이 탕자처럼 아버지의 품을 떠나 방황하지만 하나님은 집 떠난 아들을 그리워하듯 사람들을 기다리신다.

어쩌면 하나님의 본성은 그리움일지도 모른다. 아버지의 품을 떠난 탕자가 아버지를 그리워하여 다시 돌아오지 않는가. 우리의 믿음이란 우리가 얼마나 하나님을 그리워하는가이다. 우리의 신앙이란 하나님을 사무치게 그리워하는 것이다.

우리는 하나님의 그리움으로 산다. 우리가 하루를 살고, 내일을 소망하며 살 수 있는 것은 하나님께서 우리를 그리워하시기 때문이다. 우리가 진리를 좇고 죽음을 이길 수 있는 힘도 우리를 그리워하시는 하나님의 그리움의 힘 때문이다. 어머니가 아들을 그리워하지 않는다면 그 아들이 살 수 있겠는가. 우리가 사랑하는 사람을 그리워하지 않는다면 그 사람은 더이상 살아갈 수 없을 것이다.

우리도 하나님을 그리워한다. 우리의 간절한 기도, 우리의 진실된 노래, 우리의 아름다운 사랑은 하나님에 대한 우리의 그리움의 표현이다.

그러나 오늘날 우리가 사는 시대의 영특한 사람들은 더이상 하나님을 그리워하지 않는다. 사람이 하나님의 그리움으로 살지만 사람은 하나님을 그리워하지 않는다. 하나님은 이제 값싼 장난감이 되거나 불필요하고 거추장스런 짐이 되고 말았다. 사람들은 이제 어머니의 그리움 같은 것에는 관심이 없다. 사랑하는 연인들의 눈물 가득한 기다림 같은 것 또한 귀찮을 뿐이다. 설렘과 뜨거운 눈물과 아픔! 이 모든 것은 이미 사람에게 속한 것이 아니라고 말한다. 단지 눈으로 보이는 세상이 주는 환희와 안락과 풍요만이 필요할 뿐이다. 단지 자본이 주는 짜릿한 자극이 필요할 뿐이다.

내 사랑 北山은 그리움의 산이다. 내가 오르던 北山은 하나님을 사무치게 그리워한다. 하나님을 그리워하는 北山의 모습은 화려한 설악산도, 웅장한 지리산도 아니다. 그리움의 山! 그래서 北山은 외로움의 산이다. 北山은 사람이 많은 곳에는 가질 않는다. 사람들이 만든 무슨 무슨 회(會)에도 속하지 않는다. 사람들이 만든 볼거리도 찾지 않는다. 그래서 北山을 오르는 사람들은 참으로 많이 있으되, 北山은 늘 외롭다.

하나님을 그리워하는 北山은 한없이 외롭다. 그래서일까. 北山은 이 세상을 구원하시려는 예수의 山이기보다 언제나 그분의 길을 열어주고, 그분을 만나게 해주려는 '요한의 山'이 되기를 원했다. 北山의 모습은 자본의 시대의 화려한 성직의 가운을 입은 목사들에 비해 초라하고 볼품없지만 한번 北山을 올라 세상을 보면, 우리들 가슴 속에 아름다움이 일고, 세상만사가 한눈에 들어오고, 거기 北山에 올라 역사를 보면 하나님의 은밀한 비밀을 엿보게 된다.

나는 오늘도 北山을 만나러 을지로에 간다. 오늘도 분명 北山과 나는 볼일을 다 보고 나면 두 시간쯤 시간이 남을 것이고, 그러면 중부시장을 구경하고 거리를 어슬렁거리다가 전지전능하신 하나님의 명령 따라 北山은 나에게 저녁밥을 사줄 것이다.

하늘냄새

생명이 태어나는 것은 하나님이 하시는 일

"하나님, 감사드립니다. 네가 이 세상에 온 것을 환영한다. 하나님, 이 아이를 축복하소서."

이 말은 이 세상에 막 태어난 내 아이를 향해 내가 한 첫마디이다. 22시간 동안 긴 진통 끝에 1999년 7월 12일 오후 11시에 태어나 간호사에 의해 내 품 속에 안긴 아이와의 첫 만남을 하나님께 감사하며, 나는 그렇게 아이를 향해 외쳤던 것이다.

이 아이를 만나기 위해 우리 부부에게는 많은 인내가 필요했었다. 6월 30일이 예정일이었으나 일주일이 지나도 진통이 없었다. 병원에서는 하루라도 빨리 수술을 해서 분만을 하자고 했다. 그러나 수술이란 인간이 인위적으로 태어날 시간을 정하는 것이고, 산모나 아이를 위해서도 그리 좋은 방법이 아니라고 생각되어 좀더 기다리기로 했다. 그리고 하나님께서 정하신

날에 태어나는 것이 아이에게 무엇보다 큰 축복이라고 우리 부부는 믿었다.

그러나 그후 일주일이 지난 뒤에도 아무런 소식이 없자, 우리는 조금씩 불안해지기 시작했다. 예정일이 너무 많이 지나면, 오염된 양수를 태아가 먹게 되고, 그러면 여러 가지로 아이에게 좋지 않을 수 있다는 것이다.

우리 부부는 결혼 후 저녁 9, 10시경에 가정 예배를 드린다. 매일 저녁 말씀을 묵상하고 찬송을 부르고, 하나님께 간절히 기도 드리는 이 시간은 하루의 삶을 돌보아주신 하나님께 감사하는 은혜의 시간이다.

그런데 아이가 태어날 예정일이 일주일쯤 지날 무렵부터 우리 부부가 읽는 본문은 이사야 66장 7절 말씀, "몸을 비틀 사이도 없이 해산하여 진통이 오기도 전에 사내아이를 낳는구나" 하는 말씀과 마태복음 1장 1절로 16절까지 기록된 예수님의 족보를 봉독했다. 잘 알고 있듯이 마태복음 1장 이하는 아브라함이 이삭을 낳고, 이삭이 야곱을 낳고, 야곱은 누구를 낳고, 누구는 누구를 낳고 하는 식으로 낳고 낳고 낳고가 꼭 40번이나 나오는 말씀이다. 나는 아내의 배 아랫부분(아이의 머리가 있음으로)에 손을 대고 이 말씀을 봉독한 다음, 간절히 기도하였다.

그렇게 예배를 드린 지 또 일주일이 지난 토요일 아침에, 몸과 마음 모두 긴장해 있는 아내를 대신하여 맛있는 된장찌개를 끓이며 아침을 준비하고 있는데, 거실에 앉아 있던 아내가 찬송가를 부르는 것이 아닌가. 가만히 귀 기울여 들어보니 크리스마스 때나 부르는 성탄 찬송을 부르는 것이었다. "그 어리신 예수 누울 자리 없어……" "탄일종이 땡땡……"

오늘은 7월 10일, 한여름에 성탄찬송이라니 나는 부엌에서 밥을 지으면서 키득키득 웃었다. 그러나 곧 정말 진지하고 간절하게 성탄찬송을 부르는 아내를 보면서 가슴이 뭉클해지는 것을 느꼈다. 오늘로 예정일이 2주가 되었는데도 아무런 기미가 보이지 않으니 아내의 마음은 얼마나 간절할까. 얼마나 간절한 마음이었으면, 한여름에 성탄찬송을 부를까. 예수탄생을 묵상하며 찬송을 부르고 있는 아내의 모습이 참으로 아름답고 거룩하기까지 했다.

시간이 흐를수록 마음은 불안했지만, 하나님께서 우리 아이를 건강하게 순산케 하시리라는 믿음이 우리 부부에게 있었다. 그러한 믿음을 가지고 주일 오후예배를 마치고 병원에 입원하였다. 그리고 병원 근처에 사는 김연숙 집사님이 맛있게 만들어주신 김밥을 아내와 나누어 먹은 후, 그렇게 애타게 기다려도 오지 않았던 진통이 시작되었다.

그러나 그 다음날 낮 12시가 되어도 진통만 계속될 뿐 아이가 나올 기미가 보이지 않았다. 나는 아내의 고통에 함께하지 못해 안쓰러웠다. 잠시 담당 의사의 허락을 받고 진통중인 아내와 30분의 짧은 시간을 같이 있을 수 있었다. 2, 3분 간격으로 오는 진통에 아내는 잘 참아내는 듯하였지만, 눈을 뜨고 보기 힘들었다. 만약 그때 30분 동안 아내와 함께하지 않았다면, 어머니의 산고를 피상적으로만 알았을 것이다.

아내와 면담 후, 더욱 초조하고 긴장하는 가운데 시간을 보냈다. 다른 산모들은 아내보다 나중에 분만실에 들어가고도 하나둘 먼저 나오는데, 여전히 아무런 소식이 없는 아내를 기다리며 나의 초조는 곧 기도로 바뀌었다. 김철원 목사와 교우들 모두도 한결같은 마음으로 그 자리를 지켜주었다.

보호자 대기실에서 기다린 지 15시간, 정확하게 7월 12일 오후 11시 15분경에 이진영 보호자를 부르는 간호사의 소리가 들렸고, 곧이어 조그만 침대에 누워 있는 한 아이를 보았다. 나는 그 아이를 내 품 속으로 꼭 안았다. 이렇게 해서 내 아이와의 첫 만남이 이루어졌다.

이제 막 이 세상에 온 아이는 두 눈을 크게 뜨고 두리번 주변을 바라본다. 나는 아이를 품에 안고 "하나님 감사합니다. 아가야, 이 세상에 온 것을 환영한다. 하나님 이 아이를 축복하소서"라고 아이에게 인사를 건네니 그 큰 눈을 꿈벅이며 대답을 했다.

이 아이를 바라보면서 생명이 잉태하고, 탄생하는 일은 사람의 일이 아니라 하나님의 일이라는 깨달음을 다시금 얻었다. 어머니 뱃속에서 태어났다고 해서 어머니가 한 일이 아니고, 아버지가 먹을 것을 주었다고 해서 아버지의 일이 아니다. 처음 내 손에 들려진 이 아이는 어머니의 자궁에서 나왔지만, 하나님의 품에 있다가 방금 이 세상에 내려온 하나님의 아이이다.

이 아이는 내 아이가 아니라 하나님의 아이요, 그분이 보내신 아이이다. 그래서 나는 어머니의 뱃속에서 이제 막 태어난 이 아이에게서 하늘냄새를 맡는다. 맑은 두 눈은 하늘의 풍경을 전해주고, 붉은 입술은 무엇인가 하늘의 비밀을 전해주려는 듯 옹알거렸다. 머리끝에서 발끝까지 사람냄새는 없고 온통 하늘냄새로 가득했다.

처음에 하나님께서 세상을 창조하시고 사람을 만드실 때 당신의 형상대로 당신의 모습대로 만드셨던 것처럼, 바로 이 아이는 처음에 하나님과 함께 있다가 영적으로나 육체적으로 사람의 손이 타지 않는 순결한 상태, 곧 태초의 그 모습 그대로 하나님의 형상 그대로의 모습이었다.

하나님의 형상으로 태어난 생명

어찌, 이 아이만 그러하겠는가. 이제 막 태어나 이 세상에 온 신생아 병실에 누워 이 낯선 세상의 공기를 마시며, 불빛을 호기심 어리게 바라보는 저 아기들의 모습은 하나같이 순결하고 거룩한 하나님의 형상 그대로의 모습이다. 그래서 나는 여기 이 아기들에게서 사람냄새가 아닌 하늘냄새, 바로 하나님의 숨결을 느낀다.

우리는 거리를 거닐 때나 전철 안에서나 어린 아기를 보면, 제 아이건 남의 아이건간에 아기에게 다가가 손을 잡아보고 볼을 만져보고 뽀뽀를 하곤 한다. 그것은 의식적으로 하는 것이 아니라 본능적으로, 우리의 몸과 마음이 그 무엇에 이끌리어 그 아이에게 다가가게 되는 것이다. 왜냐하면, 우리는 그 아이에게서 하늘냄새를 맡기 때문이다.

그러나 나이가 먹고 사람의 머리가 자라면 자랄수록 우리는 하늘냄새를 잃고 사람냄새에 찌들어 살아간다. 우리 몸은 온통 삶에 찌들어 남을 이용하여 더 많은 것을 얻으려는 이 지상의 고약한 탐욕의 냄새를 풍기며 살아간다. 우리 아이들의 손을 놓고 잠시 서울 한복판에 들어서면 이기와 배신, 음모와 술수가 가득한 사람들의 도시가 펼쳐져 있다.

주님은 자신이 어디에서 왔는지 알지 못하는 이들에게 "나는 그분에게서 왔고 그분은 나를 보내주셨다"고 말씀하셨다. 이 말씀은 주님이 바로 하나님으로부터 온 하늘의 사람이라는 것이다. 주님은 하나님으로부터 이 세상에 오셔서 추한 사람냄새 풍기지 않고 하늘의 맑고 깨끗한 하늘냄새를 풍기며 사셨다. 이 세상에 계셨으나 그분은 하늘에 속해 있었다.

우리는 가끔 사람이 하늘처럼 맑아보일 때가 있다. 이 세상에 막 태어난 아이의 눈동자에서, 산고를 온몸으로 겪고 분만실을 나오는 아내의 땀이 흥건한 얼굴에서, 하루의 삶을 하늘 뜻에 순응하며 살아가는 농부들의 모습에서, 자기 것을 아무도 모르게 내어주는 손길에서 우리는 하늘냄새를 느끼곤 한다.

이제 막 세상에 온 내 아기뿐만 아니라 사람은 누구나 하늘에서 온 하나님의 자녀들이다. 그러나 살아가면 갈수록, 어른이 되면 될수록 하늘냄새를 잃어버리고 살아간다. 오늘, 나는 내 아이가 이 세상에 온 거룩한 날에 이 아기에게서 하늘냄새를 맡으며, 내 안에서 잃어버린 하늘냄새를 찾아보고 싶다.

벌써 까마득하여 잃어버린 하늘의 이야기와 그 비밀을 이 아이에게서 듣고 싶다. 그래서 이 아이를 통해 다시 그분과 호흡하며 살고 싶다. 이 아이의 맑은 눈을 통해 잃어버린 그분의 말씀을 찾고 싶다. 이 아이의 깨끗한 입술을 통해 그분의 노래를 듣고 싶다. 그리고 내 아이가 태어난 이 날, 나는 정말 하나님의 사람으로 다시 태어나고 싶다.

아가야 아가야

아가야
하늘에서 온 아가야

깊은 산골,
웅달샘보다도 더 맑고
아침 이슬보다도 더 영롱한
너의 눈을 보면
이른 아침,
하나님이
내리시는 보드란 햇살 가루
살포시 뿌려진

너의 고운 살결에 입맞춤해 보면
아가야
너는 분명
하늘에서 온 천사구나

말씀만이 있던 태초로부터 지금까지
하나님의 하얀 품 속에서 살다가
이제 막
엄마 품에 안긴 아가야
너는 연실
이 세상 사람들은 알아들을 수 없는
사람의 말이 아닌 하늘의 언어로
하늘의 비밀을 전하고 있구나

하나님의 마음을 담고 있는 아가의 눈동자
천사들의 이야기를 전하는 아가의 입술
그러나 아가야
이 엄마는 네가 전하는 그분의 소리를
조금은 알아들을 수가 있단다
너를 이렇게 가슴에 꼭 안고 있으면
너의 맑은 눈동자를 바라보고 있으면
이 세상과는 다른
하늘나라의 소식을,
바람소리보다도 더 부드러운
꽃향기보다도 더 달콤한
그분의 음성을 느낄 수 있단다
'엄마! 사랑해요'
'사랑
해요'
'사

랑
해
요'
아가야
그래
엄마는 아가를 사랑한단다
아빠는 아가를 사랑한단다

그러나 아가야
하나님 품에서 아주 멀리 떨어져 산,
우리들은
하늘의 언어를 잊어버린
우리 어른들은
사랑을 버리고 미움을 쌓으며
사랑을 지우고 욕심을 적으며
사랑을 잊고 절망을 기억하는
이 세상의 사람들은
하나님의 말씀에 아주 멀리멀리
떨어져 살아왔단다.

아가야
사랑하는 아가야
삼백육십오일 동안
그분의 곁을 떠나온 것처럼
앞으로도
아가가 살아갈 만큼
그분의 품에서 점점 멀어진다 해도
아가야
하늘에서 온 아가야
그분이 너를 사랑하는 그 마음만은

엄마가 너를 꼭 안고 있는 그 따스한 품만은
아빠가 언제나 네 손을 잡고 있다는 그 믿음만은
아가야
너의 그 맑은 눈동자에 담고 살아가렴
너의 따스한 가슴에 고이고이 담고 살아가렴

이 세상을 살다보면
하나님의 마음을 잊고 살아가야 할
사랑을 빼앗으려는
쓰디쓴 인생길과
매서운 바람을
수없이 많이 맞이할 터이지만
사랑하는 아가야
그럴 때마다
아가의 마음 속에
아가의 영혼의 샘 속에
살아 계셔서
쉼없이 쉼없이
생명수를 뿜어주시는
예수님
그분의 얼굴을 찾아보렴

아가야
네가 태어나
일년삼백육십오일이 지나
앞으로 살아가야 할 수많은 날들과
앞으로 만나야 할 수많은 벗들과
앞으로 해야 할 수많은 일들과
앞으로 걸어가야 할 수많은 걸음마다
아가야

하늘에서 온 아가야
천사처럼 아름다운 너의 얼굴과
하늘의 이야기로 가득한
오늘의 너의 눈동자를
떠올리며
네 마음 속에 언제나 웃고 계시는
그분의 미소를 찾아보도록 하거라

아가가 걸어가는
맑고 아름다운 길 위엔
언제나
영원히
엄마처럼
아빠처럼
따스한
그분이
함께 걷고 계시다는 걸
잊지 말아라
하늘에서 내려온
사랑하는 아가야

                                        1999년 7월 12일,
                사랑하는 윤기가 이 세상에 온 기쁘고 즐거운 날에
                                                아빠가